Momentos na pandemia

relatos de experiência sobre Covid-19

Editora Appris Ltda.
1.ª Edição - Copyright© 2024 da autora
Direitos de Edição Reservados à Editora Appris Ltda.

Nenhuma parte desta obra poderá ser utilizada indevidamente, sem estar de acordo com a Lei nº 9.610/98. Se incorreções forem encontradas, serão de exclusiva responsabilidade de seus organizadores. Foi realizado o Depósito Legal na Fundação Biblioteca Nacional, de acordo com as Leis nos 10.994, de 14/12/2004, e 12.192, de 14/01/2010.

Catalogação na Fonte
Elaborado por: Dayanne Leal Souza
Bibliotecária CRB 9/2162

D585m
2024
	Diniz, Rosimeire Ferreira
	   Momentos na pandemia: relatos de experiência sobre Covid-19 / Rosimeire Ferreira Diniz. – 1. ed. – Curitiba: Appris, 2024.
	   105 p. : il. color. ; 21 cm.
	
	   Inclui referências.
	   ISBN 978-65-250-6870-1
	
	   1. Educação. 2. Pandemia. 3. Lockdown. I. Diniz, Rosimeire Ferreira. II. Título.
	
	                                                                          CDD – 370.11

Editora e Livraria Appris Ltda.
Av. Manoel Ribas, 2265 – Mercês
Curitiba/PR – CEP: 80810-002
Tel. (41) 3156 - 4731
www.editoraappris.com.br

Printed in Brazil
Impresso no Brasil

Rosimeire Ferreira Diniz

Momentos na pandemia

relatos de experiência sobre Covid-19

Curitiba, PR
2024

FICHA TÉCNICA

EDITORIAL	Augusto V. de A. Coelho
	Sara C. de Andrade Coelho
COMITÊ EDITORIAL	Marli Caetano
	Andréa Barbosa Gouveia (**UFPR**)
	Edmeire C. Pereira (UFPR)
	Iraneide da Silva (UFC)
	Jacques de Lima Ferreira (UP)
SUPERVISORA EDITORIAL	Renata C. Lopes
PRODUÇÃO EDITORIAL	Adrielli de Almeida
REVISÃO	Andrea Bassoto Gatto
DIAGRAMAÇÃO	Andrezza Libel
CAPA	Lívia Weyl
REVISÃO DE PROVA	Sabrina Costa

Dedico este livro ao meu incrível Marido Hilermar e às minhas filhas Maria Tereza e Mariana que enfrentaram cada desafio da Pandemia juntos, demostrando coragem, resiliência e amor inabalável. Que este livro sirva como um registro dos momentos difíceis que superamos em família, mas também das preciosas lições aprendidas de conexão que fortaleceram os nossos laços. Que ele nos lembre sempre da importância de estar unidos e de valorizar cada momento juntos. Com todo meu amor e gratidão, amo vocês.

"Aos meus pais" com todo meu amor e agradecimento, por serem meu porto seguro e minha inspiração. Este livro é um reflexo do amor e dos valores que vocês cativaram em mim. Dedico cada palavra à vida e à capacidade de sonhar com todo meu amor.

Agradecimentos

Agradeço a todos que participaram direta e indiretamente da produção deste livro.

A cada familiar que contribuiu com seu relato sobre sua perda pela Covid-19, meus mais sinceros agradecimentos e sentimentos.

Agradeço também a todos que responderam ao questionário sobre a doença.

Eu não sei se veio

Para ensinar, para modificar, mas se foi
não conseguiu.
Porque através de tudo
Tem seres humanos que
Pioraram

Mas como o ensinamento
vem da consciência
De cada um, eu espero
Que este livro possa te
encaminhar da melhor
forma a meu entendimento
Com a vida
Ser humano não é ver
Para crer, mas fazer
Acontecer.

Parabéns, Rosimeire
17/05/2024

Fátima Leão

Pandemia

A vida se transformou em um labirinto que precisamos percorrer sozinhos e, ao mesmo tempo, juntos, procurando a única saída: não capotar em uma curva.

Marijo

Sítio Zabela, meu refúgio na pandemia.
Agradeço os proprietários, Celso Carmo Silva e Mara Rúbia Silva,
por tornar este lugar meu porto seguro durante esse período.

Prefácio

Lembro-me de Rosimeire Diniz ainda bem jovem, lutando pelos estudos, enfrentando viagens, riscos e outras situações que não cabe aqui relatar. Depois, foi minha colega professora e tive o prazer de contar com essa mente inquieta em minha equipe de trabalho enquanto atuei como secretário de educação em Frutal, de 2005 a 2016. Ali, laços se estreitaram e percebi o vigor de uma mulher que não se dobra, que insiste, batalha e vence. Muitos diriam se tratar de uma pessoa sem percepção da realidade e adversária da força do tempo. A meu ver, uma mulher já madura, porém de espírito arrojado e jovem, arvorar-se em penetrar nos meandros da pós-graduação *stricto sensu* é um ato de fé na vida, pois, parafraseando Rosa, viver exige coragem. Mas o tempo, esse implacável senhor, fez um bem danado a Rosimeire, pois a tornou ainda mais forte, resistente, resiliente. Sua dedicação à família, ao trabalho, sempre mereceu elogios por parte de quem a conhece bem, sendo forjada no esforço diário, na luta e na perseverança. Os estudos, a convivência acadêmica, aprimoraram essa mulher ousada, fazendo-a compreender o mundo sob um viés mais reflexivo, crítico, audaz e realístico.

Compreender o momento histórico vivido, as dores e os clamores de uma gente que via a morte bater em sua porta, com ações desmedidas e destemperadas de governos negacionistas, é o propósito de um trabalho árduo, cansativo, de observação, análise e sofrimento que visa trazer à tona as vísceras de um tempo único, de dores inegáveis, porém de ricos aprendizados. É um conjunto de memórias que registra um episódio que afligiu toda a humanidade sob o olhar de uma professora sensível que soube identificar todo o contexto vivido com suas particularidades e aflições, desde os primeiros momentos da pandemia, o resultado positivo da presença do vírus, as primeiras perdas, os amigos "partindo antes do combinado". Neste livro, a professora Rosimeire nos presenteia com um olhar humanizado sobre a educação em tempos pandêmicos. Na sequência dos capítulos, vai apresentando relatos e situações comoventes que propiciam um choque de realidade e uma análise profunda sobre nosso lugar neste mundo.

Em entrevistas com profissionais que atuaram no período da incidência da Covid-19, percebeu as agonias e a força de abnegados trabalhadores que se dedicaram a ofertar o melhor que podiam naquele momento trágico para a humanidade, mantendo os vínculos com os estudantes e famílias e ofertando aulas dinâmicas, criativas, dentro do que era possível no uso da internet, na imensa maioria, com os próprios recursos e equipamentos.

A gratidão pulsa forte aqui no peito deste professor sonhador que acumula 35 anos de magistério, pelo fato de ter a honra em prefaciar este livro e conhecer uma profundidade raras vezes percebida em estudos semelhantes. À autora, meu manifesto de carinho, reverência, aplausos e agradecimento.

José Luiz de Paula e Silva
*Especialista em Psicanálise e Educação, em Gestão da Educação Municipal pela UFU e em Educação Pública pela UFMG; graduado em Letras (Português/Inglês) e Pedagogia. Secretário Municipal de Educação de Frutal (MG) de 2005 a 2016; docente da Faculdade de Frutal desde 2006; diretor de Escola Estadual e Escola Municipal; professor de Língua Portuguesa e Inglês na Educação Básica; Conselheiro Fiscal do Sicoob-Frutal de 2011 até os dias atuais; colunista de sites de notícia. Escritor (autor dos livros E O Tempo Sorria, Travessia e Tempo Passarinho); escreveu recentemente, em parceria com acadêmicos de universidades de todo o país a coletânea de artigos Educação e Meio Ambiente e o livro de poesias Imagem Letrada. Apresentador do quadro Travessia e do programa Na Ponta da Língua na Rádio 102 FM. Possui certificação para atuar como diretor escolar e diretor de superintendência de ensino pelo Estado de Minas Gerais. Consultor e palestrante. Mestrando em Educação pela Uniube (Programa Governo MG Trilhas de Futuro). É integrante da Academia Frutalense de Letras e consultor credenciado do Sebrae-MG.
Site: professorjoseluiz.com.br.*

Sumário

Introdução 17

Capítulo 1
Momentos na pandemia: Férias não programadas 21

Capítulo 2
Educação e pandemia 27

Capítulo 3
Após dois anos de pandemia: um passeio com os amigos 45

Capítulo 4
Relatos de familiares que perderam seus entes queridos pela Covid-19 51

Questionário sobre a Covid-19 95

Referências 101

Introdução

A pandemia causada pelo novo coronavírus (Covid-19) tornou-se um dos grandes desafios do século XXI e afetou mais de 100 países e territórios nos cinco continentes. Seus impactos ainda são inestimáveis, mas impactam direta e indiretamente a saúde e a economia da população mundial. A Covid-19 é uma infecção respiratória aguda causada pelo coronavírus SARS-CoV-2.

Segundo a Organização Mundial da Saúde (OMS), em 31 de dezembro de 2019, em Wuhan, na China, foram descritos os primeiros casos de pneumonia causada por um agente desconhecido e reportados às autoridades de saúde.

No Brasil, o Ministério da Saúde (MS) agiu imediatamente, com base em boatos sobre a doença emergente. Em 22 de janeiro, foi acionado o Centro de Operações de Emergência (COE) do Ministério da Saúde, coordenado pela Secretaria de Vigilância em Saúde (SVS/MS), para harmonização, planejamento e organização das atividades com os atores envolvidos e o monitoramento da situação epidemiológica. Vários setores do governo foram mobilizados e diversas ações foram implementadas, incluindo a elaboração de um plano de contingência.

Em 3 de fevereiro de 2020, a infecção humana pelo novo coronavírus foi declarada Emergência em Saúde Pública de Importância Nacional. No início, como estratégias fundamentais para o enfrentamento da epidemia, foram adotadas a informação e a comunicação para a população, sobretudo por meio da imprensa. Os números de casos confirmados e óbitos passaram a ser disponibilizados diariamente. Boletins epidemiológicos foram publicados, contendo orientações para a atuação da vigilância no contexto da Emergência em Saúde Pública de Importância Nacional (Espin).

Além disso, entrevistas coletivas eram realizadas quase todos os dias, reforçando-se o compromisso do MS com a transparência na informação e a agilidade na comunicação a respeito da situação epidemiológica e das ações de resposta. Ainda, foram disponibilizados novos meios para atendimento à população, a exemplo do aplicativo Coronavírus-SUS e do canal por WhatsApp.

A orientação do MS para a população foi clara desde o princípio, no sentido de reforçar a importância das medidas de prevenção da transmissão do coronavírus, que incluíam: lavagem das mãos com água e sabão e sua higienização com álcool em gel, o distanciamento social, o não compartilhamento de objetos de uso pessoal, como copos e talheres e o hábito de manter ventilação nos ambientes. E a partir de abril de 2020, o MS passou a orientar a população para o uso de máscaras, para atuarem como barreira à propagação do SARS-CoV-2.

O primeiro caso de Covid-19 no Brasil foi confirmado em 26 de fevereiro de 2020. Tratava-se de um homem idoso residente em São Paulo/SP, que havia retornado de viagem à Itália. A doença propagou-se rapidamente. Em menos de um mês após a confirmação do primeiro caso já havia transmissão comunitária em algumas cidades. Em 17 de março de 2020, ocorreu o primeiro óbito por Covid-19 no país. Outro homem idoso, residente em São Paulo/SP, que tinha diabetes e hipertensão, sem histórico de viagem ao exterior.

Em 20 de março de 2020 foi reconhecida a transmissão comunitária da Covid-19 em todo o território nacional. O país encara não somente uma doença nova, mas também uma situação inusitada, que requer mudanças radicais de comportamento, em níveis individual e comunitário. A colaboração da sociedade no enfrentamento à Covid-19 era determinante para a não evolução da epidemia. Todas e todos deviam seguir as orientações das autoridades sanitárias, baseadas nas evidências científicas disponíveis e alinhadas às recomendações da OMS, respeitando o isolamento, a quarentena e as restrições de deslocamentos e de contato social, conforme indicado em cada situação.

O bom senso e a solidariedade deviam guiar as ações de todos os brasileiros, para ser possível reduzir o impacto da Covid-19 na saúde da população e na economia. A proteção aos idosos era estratégia prioritária, tendo em vista que eles constituíam um grupo com maior risco de complicações e de morte pela doença. As pessoas com mais de 60 anos de idade, por serem as mais vulneráveis, deviam permanecer em casa o máximo possível, restringir seu deslocamento para realização de atividades estritamente necessárias, evitar o uso de meios de transporte coletivo e não frequentar locais com aglomerações. As demais pessoas também precisavam fazer sua parte, uma vez que a redução da transmissão na comunidade era necessária para a proteção de todos, e aqueles que eram assintomáticos contribuíam para a propagação da doença. Então era preciso evitar contato e o compartilhamento de objetos de uso pessoal, como copos e talheres, além de manter a ventilação nos ambientes.

A partir de abril de 2020, o MS passou a orientar a população para o uso de máscaras para atuarem como barreira à propagação do SARS-CoV-2.

Capítulo 1

Momentos na pandemia: Férias não programadas

Escrita de um livro foi crucial durante a quarentena

Tudo começou quando explodiu a notícia da chegada do coronavírus (Covid-19). A Secretaria de Saúde de Frutal divulgou, mediante boletim, os dados epidemiológicos dos casos de coronavírus, com foco no município. No dia 17 de março de 2020, o número de casos suspeitos era de 18. No dia seguinte, a cidade já havia registrado 40 casos, ou seja, mais do que dobrou de um dia para o outro. Em 19 de março, o número chegou a 46 casos e, depois, 64. Em 21 de março, mais 20 pessoas passaram a receber atenção da Secretaria Municipal de Saúde. E no dia seguinte, eram 99 casos suspeitos catalogados.

Eu só pensava em minha família a partir desse momento e em sair daquele ambiente de trabalho e rotina, mas voltava logo atrás, pois não podia simplesmente sair e abandonar as minhas responsabilidades. Ao chegar em casa, vi que a notícia já tinha espalhado. Aquela noite foi horrível, não consegui dormir, coisas que nunca tinham acontecido comigo, aconteceram. Senti muita dor no peito, não sabia explicar, era um sentimento diferente. No outro dia enviei uma mensagem comunicando que estaria de férias.

Passaram-se doze dias de angústia, sem sair de casa, sem ver pessoas, meus amigos e minha família só através de celular. Às vezes, para matar a saudade da minha filha, batia no portão de sua casa, deixando algo para ficar do outro lado, para uma ver a outra. Passei esses dias vendo TV, séries, filmes e lendo livros. Em um desses dias, eu estava muito triste e meu marido me disse: "Vamos dar uma volta de carro". No primeiro momento resisti, mas acabei entrando, sem saber o que realmente iria acontecer. De repente, ele me disse: "Hoje vamos matar as saudades dos amigos". Perguntei: "Como assim?". Então ele começou a passar em frente à casa deles, tirava foto da casa deles e enviava a foto no grupo dizendo: "Passando aqui para matar a saudade".

No dia seguinte chamamos um casal de amigos que tínhamos conhecido recentemente para ir passar o dia no campo conosco e foi muito bom. Jogamos muita conversa fora, rimos muito, até parecia uma amizade de muitos anos! Sem perceber, o dia passou muito rápido. E assim foi o resto da semana, cada dia chamávamos um casal de amigos. No final de semana fomos convidados para ir a um rancho, em lugar muito agradável. Com receio e evitando aglomeração, de repente meu marido me chamou para ir embora, pois já tinha um número relevante de pessoas no local.

Quando tudo parecia que estava melhorando, no dia 05/04/2020, a triste notícia: confirmado o 1º caso de Covid-19 em Frutal. Tratava de uma pessoa na faixa etária de 20 a 29 anos. Novamente, o meu desespero, sem imaginar quem poderia ser a vítima. Então descobri que era uma linda moça, que na infância tinha sido amiga de uma das minhas filhas.

Senti outra vez a necessidade de ficar em isolamento. Também senti que precisava da presença dos meus pais e bateu muitas saudades, mas precisava me proteger, assim como protegê-los, pois, eles faziam parte do grupo de risco. Sempre ia para o meu quarto para o meu marido não me ver chorar, pois sabia o quanto ele também estava sofrendo com a situação.

Eu já não tinha mais o que fazer para passar o tempo, pois já tinha colocado todos os serviços de casa em dia – arrumar armários, gavetas, enfim, tudo aquilo que eu odiava de fazer. Em uma tarde, para passar o tempo, chamei meu marido para dar uma volta na cidade. E que tristeza, não havia nada nas ruas – pessoas, carros, ônibus, o barzinho... enfim, tudo muito distante da minha realidade. Eu me perguntava por que, pois nunca havia vivenciado uma situação assim. Sentia um enorme vazio.

Quando tudo parecia perdido, uma luz... A noite dos brasileiros estava sendo animada por cantores famosos. O sertanejo foi o primeiro a criar a modalidade de show ao vivo por meio do YouTube. Assistindo aquela *live* percebi que não tinha programado as minhas férias. Comecei a me lembrar de como tinham sido as minhas férias anteriores e agora tinha que aproveitar de alguma forma aquele momento. Tinha vontade de ir viajar, mas tinha medo de aglomeração. Porém eu e meu marido decidimos ir, fazendo a nossa parte e sem saber o que nos esperava. Foram dois dias maravilhosos, com muitas conversas, risos e brincadeiras. Fazia um bom tempo que eu não gargalhava.

Quando parecia que a situação estava minimizada, no décimo terceiro dia do mês de abril, a Secretaria Municipal de Saúde confirmou o segundo caso na cidade. Bateu aquela tristeza novamente, eu andando de um lado para outro em casa, sem saber o que fazer, mas precisava minimizar o estresse. Comecei a ler outro livro, que me abriu os olhos. Foi quando comecei a pensar em escrever um livro sobre aquele momento que estávamos vivendo e que parecia não ter fim. Mas ainda se passaram alguns dias para começar a escrever algumas linhas.

Percebi a necessidade de rever alguns amigos que fazia tempo que não via. Ia acontecer uma *live* de uma dupla da nossa cidade e era o momento ideal para esse encontro. Porém meus pensamentos foram na contramão: "Será que não viraria aglomeração?". E o restante do dia foi aquela angústia sobre como seria a noite.

Chegou o momento tão esperado, com muitas risadas, piadas e reencontros de amigos que fazia tempo que não víamos. Fizemos até uma campanha de doações para a nossa cidade durante a *live*, e então percebemos já tínhamos ficado ali por horas.

No dia seguinte bateu uma grande saudade da família. Resolvemos reunir a todos no rancho, um lugar que sempre transmitiu muita paz, com muito verde, rio, flores e pássaros cantando. Foi um final de semana perfeito em que tivemos a oportunidade de colocar o papo em dia.

E assim foram passando as semanas até chegar o dia de voltar ao trabalho, sou professora e algumas escolas foram voltando gradativamente. Foi um dia muito difícil, pois passava várias coisas pela minha mente: "Será que permaneceria no mesmo setor?", "Como seria minha volta devido à forma como havia saído de férias, com meu pânico de medo de vírus". E no dia do meu retorno, no primeiro momento foi como se fosse o primeiro dia de trabalho um ambiente estranho. Os dias foram passando, o número de pessoas contaminadas aumentando, assim como a pressão de todos os lados.

E pessoas próximas a mim começaram a ficar doente. Até aquele momento parecia que a doença estava distante de mim. Mas a vida que eu gostava continuava distante de mim, pois era de casa para o trabalho e vice-versa.

Um dia, estava me preparando para ir para o sítio de amigos quando recebi uma mensagem da minha grande amiga de trabalho me avisando que tinha feito o teste e que tinha dado positivo. Ela sugeriu que eu e meu marido fizéssemos o exame. Eu entrei em desespero, pois meu marido fazia parte do grupo de risco, pois ele é hipertenso.

Logo que recebemos a mensagem fomos para o laboratório mais próximo que estava fazendo teste rápido. Chegando lá, para minha surpresa, encontrei umas vinte pessoas do meu trabalho, todos com a fisionomia de preocupação. O exame ficaria pronto em algumas horas e meu marido achou melhor esperar o resultado no sítio. As horas de espera pareceram uma eternidade. Quando o resultado ficou pronto, a tensão ao abri-lo era enorme, o tempo todo pedindo a Deus que se tivesse que dar positivo, que fosse o meu. Eu via a tristeza e a preocupação do meu marido.

Ao abrirmos, o que já esperávamos: o meu deu positivo. Nesse momento, eu só pensava em ficar sozinha. Eu fiquei em choque por alguns minutos, não tive força nem para chorar. Então comecei a andar no pasto ali, com mil coisas passando pela minha cabeça. Como seria a reação das minhas filhas? Aquela foi uma tarde muito triste, até o canto dos pássaros estava triste. A noite foi chegando, que dor, tudo aquilo não tinha explicação. Meu marido tentava me acalmar, mas eu estava muito preocupada, com medo de transmitir a doença para ele. Foram quatorze dias de isolamento. O quanto eu havia lutado para não estar nessa situação! Mas não senti quase nada, nem perdi o paladar, minha alimentação estava ótima. Um médico me disse que poderia ter sido um resultado falso positivo, mas que o dado já havia entrado no Boletim Epidemiológico.

E uma triste notícia veio no dia 18/06/2020, uma quinta-feira: foi confirmado o segundo óbito por Covid-19 na cidade de Frutal. O paciente tinha 44 anos. Voltou a dor de saber que uma família estava sofrendo e que estava acabando meu isolamento e eu teria que voltar para o meu serviço.

Tudo continuava quase normal, as pessoas não pareciam preocupadas, vivendo como não estivesse acontecendo nada. Os meses foram passando e as saudades dos meus pais aumentando. Em setembro recebi a notícia de que um tio tinha falecido. Foi um dia muito triste, quando eu senti pela primeira vez o que era realmente a Covid-19.

Já fazia três meses que não via meus pais e a saudade bateu muito forte. No final de semana chamei minhas filhas para ir vê-los. Ao chegar lá, vi que a minha irmã não estava bem. No final de tarde, ela começou a ficar febril e, quando percebemos, ela estava "batendo queixo", como mineiro diz, com muita febre. Não pensei duas vezes e levei-a ao ambulatório da cidade. Ela ficou em observação por algumas horas devido à febre, mas o teste só seria feito no dia seguinte. Ela, então, resolveu fazer em uma cidade próxima.

Depois de três dias comecei a sentir alguns sintomas, como dor de cabeça, dor no corpo, perda de paladar e congestão nasal. Dessa vez resolvi fazer o teste RT-PCR. E logo veio o resultado: reagente. Para minha tristeza, dois dias depois as minhas duas filhas e o meu marido também testaram positivo. Ali estava todo o meu **desespero**, a minha preocupação e o meu medo em relação aos **meus pais**, pois eu não tinha como protegê-los. Foram noites sem dormir até passar os dias de isolamentos. E voltou a tristeza por estar de novo nessa situação. E mais uma vez ali estava eu, com meus livros, séries e filmes.

"Novo resultado Boletim Epidemiológico desta quinta-feira (01/08/2020), divulgado pela Secretaria Municipal de Saúde de Frutal, traz 21 novos casos de Covid-19, registrados nas últimas 24 horas. Atualmente, quatro pacientes encontram-se internados na UTI, oito em leitos clínicos. Em Frutal, 1.523 pessoas já foram contaminadas com o novo coronavírus".

Eu sabia que eu minha família fazíamos parte desse boletim, que alguns dias depois eu voltaria a trabalhar e que tudo estaria como eu havia deixado.

Chegou a proximidade das eleições e parece que todo mundo se esqueceu da Covid-19. No Natal, por alguns minutos até eu mesma me esqueci. Contudo, com o início do ano os números de pessoas contaminadas voltaram a crescer, assim como o desespero com os novos resultados. Comecei a perder pessoas próximas, como um tio querido da família e um amigo.

Bateu aquela tristeza novamente e resolvi dar um tempo nos livros. Depois de um ano surgiu a esperança: meus pais foram vacinados! Nem acreditei naquele momento. A minha família até se esqueceu de que podia haver reação de tão felizes que ficamos todos. Graças Deus eles não tiveram qualquer reação. Agora esperava com muita ansiedade a vacina para as minhas filhas e para o meu marido, que tinha comorbidades, como disse anteriormente. Eu nem me preocupava comigo, só com eles. E logo chegou o mês de junho e a esperada vacina Astra Zenica. Chegou a nossa vez de sermos vacinados! E eu tive todas as reações: calafrios, dor no corpo, febre, coriza etc.

Capítulo 2
Educação e pandemia

Porém a preocupação continuou, pois as notícias diziam que as aulas presenciais voltariam, mas como, se nem todos os professores tinham sido vacinados? A minha segunda dose seria só dali a três meses. Era uma luta constante entre ondas vermelha e roxa.

As aulas estavam sendo on-line. Eu mesma, como professora de História no ensino fundamental dos anos finais, tive que me adaptar àquela situação, pois sempre fui muito próxima dos meus alunos. O distanciamento foi muito difícil, a nossa realidade era outra. Tivemos que substituir o quadro de giz por celular ou computador e nos acostumar a dar aula a distância, pois as nossas ferramentas de trabalho passaram a ser o WhatsApp ou Google Meet, o que não era fácil, pois tinha seis turmas e era uma loucura com o meu celular. Também havia muita dificuldade porque trabalhava em instituição com público vulnerável; por exemplo, tinha família com cinco crianças e apenas um celular, que só começavam a fazer as suas atividades depois que a mãe chegava em casa à noite. Assim era a realidade que estávamos vivendo, não havia hora para os alunos enviarem suas atividades.

De acordo com Diniz e Vieira (2021, p. 61), considera-se como prática pedagógica "a forma como o professor realiza o planejamento escolar e propõe os conteúdos, escolhe os procedimentos didáticos (estratégias), avalia e relaciona com os alunos". Assim, cabe ao professor conduzir as práticas pedagógicas como estratégia do processo de ensino-aprendizagem, possibilitando avanços no desenvolvimento da aprendizagem e fomentando novas habilidades em seus alunos.

É muito importante demonstrar que as dificuldades com as atividades e as aulas remotas marcaram o dia a dia dos docentes, dos discentes e das famílias. Nem todos os pais tinham os conhecimentos, habilidades e o tempo necessário para auxiliar os filhos na execução das atividades. No final do semestre retornei para o meu outro trabalho, no qual também estava trabalhando com aulas on-line e passaria, então, a trabalhar em uma sala com 13 alunos. Mas na primeira semana trabalhei apenas fazendo relatórios.

Iniciaram os boatos de que começaríamos a ter aulas em sistema híbrido, pois, até o momento, estávamos trabalhando em formato presencial, as aulas no sistema híbrido seriam on-line e presenciais. Enfim chegaram as férias, que foram de duas semanas, quando consegui ficar um pouco sem o celular. Assim foram passando os dias, e começaram os burburinhos de que em agosto voltariam as aulas presenciais. Mas nem todos aceitavam essa ideia e as polêmicas tomaram conta dos grupos no Facebook. Para a surpresa de todos, os movimentos do retorno às aulas presenciais vinham de pessoas de escolas particulares. Entretanto a realidade de escolas estaduais e particulares eram – ainda são – muito diferentes: enquanto a escola particular tem cerca de 10 alunos por sala, as estaduais têm de 30 a 45 alunos.

Então, no dia 28/07/21 foi realizada a enquete "Volta às aulas em Frutal". Infelizmente, o desrespeito aos professores foi muito grande por parte de algumas pessoas.

À época, o que eu mais queria era o retorno das aulas presenciais. O meu humilde pedido como educadora era só que aguardassem que tomássemos a segunda dose da vacina antes do retorno, pois isso nos deixaria mais aptos e mais tranquilos para acolhermos as nossas turmas como gostaríamos. Afinal, precisávamos estar bem física e emocionalmente para oferecermos o melhor ensino.

O mês de agosto chegou em um domingo, e com ele a triste notícia de que um grande amigo, de apenas 38 anos, havia falecido. Foi muito difícil aceitar. Eu não sabia nem que ele estava internado havia dias, pois as pessoas mais próximas a mim não me contaram porque sabiam do medo que eu tinha desse vírus.

Passaram-se quinze dias do mês agosto e uma esperança surgiu: uma jovem conhecida, de 39 anos, mostrou-nos sua vontade de viver, principalmente porque sabia que precisava lutar para cuidar de seu filho de 14 anos, que é autista. Ela testou positivo para a Covid-19, foi internada e transferida para uma cidade próxima, Uberaba.

As notícias que chegavam não eram boas. Os médicos não davam nenhuma esperança e o quadro dela só se agravava. Mas para Deus nada é impossível e depois de 58 dias lutando pela vida, ela teve alta e voltou para seus familiares. Agora, sim, a esperança.

O mês de agosto era um mês que eu muito esperava, pois faria nove anos de casada. Como eu estava muito triste, meu marido resolveu fazer uma viagem para tentar amenizar a minha tristeza. Ele conseguiu um lugar junto à natureza muito bonito, que mostra o que Deus nos proporciona, onde passamos o final de semana. Então a segunda-feira chegou, a vida tem que continuar, e voltamos às aulas on-line.

Os jovens iam em bares, as crianças brincavam na rua como se não existisse a Covid-19. Saiu um boletim epidemiológico em Frutal, no qual foram publicados os números de casos confirmados e de óbitos, e o grupo com maior risco de complicações e de mortes passou a ser os jovens de 20 a 40 anos. E naquele dia, entre os jovens, havias um aluno muito querido. Eu tinha falado com eles alguns dias antes. Ele já tinha testado positivo, mas não comentou. Fiquei muito surpresa quando vi, pelas redes sociais, e mais surpresa ainda com a mensagem que ele escrevera no Facebook: "Mãe, estou com medo de ficar esperando a decisão se vão vacinar os vigias agora ou não contra a Covid-19, e a vacina contra a influenza, e acabar infectado com esse vírus dos infernos!" (Alexandre Apolégio – 23 anos – 05/08/2021).

O desenvolvimento de seu quadro deu-se da seguinte forma:

* 06/08 = início dos sintomas.
* 09/08 = teste positivo para Covid-19.
* 12/08 = retorno ao ambulatório.
* 16/08 = retorno ao ambulatório, internação, oxigênio, hospital da cidade Frei Gabriel, transferência para Uberaba.

* 17/08 (madrugada) = transferência para a UTI.
* 18/08 = entubação.
* 19/08 = estado de saúde muito grave.

E no dia 22 de agosto, infelizmente ele não aguentou. Foi um dia muito triste e atípico, como muita ventania e muitas lágrimas.

E diante dessa tristeza ainda orava por uma amiga, que também estava em situação grave por causa do vírus. E foi com lágrimas nos olhos que recebi a notícia de seu falecimento. Eu sempre me lembrarei da nossa querida Joaninha como professora, enfermeira, mãe, esposa, avó e uma mulher de fé, que me deu forças em tantas horas de angústia e aflição. Descanse na paz do nosso Senhor Jesus Cristo e que o coração dos familiares e amigos se encham de esperança! Jesus voltará em breve.

O mês de agosto encerrou-se com muitas perdas. Depois de mais de um ano, o retorno às aulas acontece somente na modalidade presencial na minha cidade, com a Resolução n.º 4.506, de 25 de fevereiro de 2021 (alterada pela Resolução SEE n.º 4.622, de 13/08/2021, publicada no MG de 14/08/21) – que instituiu o ensino híbrido como modelo educacional.

Com tudo o que estava acontecendo, eu estava totalmente desconfortável – às vezes queria ficar com muitas pessoas, outras vezes sozinha. E sentia muitas coisas, como palpitação, suor frio e sentimento de medo intenso, que, aliás, estavam entre os sintomas físicos e emocionais sentidos por quem precisava sair de casa para executar tarefas simples do cotidiano. Eu senti a necessidade de procurar ajuda profissional e descobri que tinha desenvolvido a Síndrome da Caverna (medo de voltar à rotina), devido ao medo de contaminação. Mas quando ele ultrapassa o limite do razoável e se torna preocupante? Essa era a minha dúvida.

Depois de algum tempo senti vontade de escrever novamente, pois no meio da pandemia estava chegando o meu tão esperado "cinquentão". Muitas incertezas passavam pela minha cabeça. Será que meu tão aguardado aniversario aconteceria, e em grande estilo, como eu sempre desejara?

E o meu maior presente de aniversário foi receber a notícia de que Frutal não havia registrado nenhum caso de Covid-19 nas últimas 24 horas. O boletim epidemiológico daquela sexta-feira (05/11/2021) registrava que o número de pessoas contaminadas pela doença permanecia em 9.348.

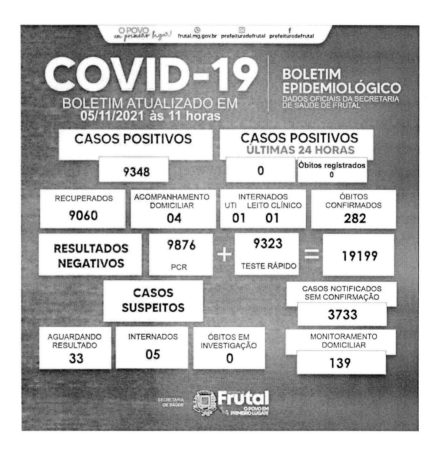

E em um mês não havia mais como contestar! Estava a cada dia mais comprovado que a vacina era a única e mais eficaz solução contra a pandemia de Covid-19! Aqueles que ainda se recusam a receber a vacina não têm noção do mal que causam a si mesmos. E, pior, colocam outras pessoas em risco.

SAÚDE

Covid-19: Oito em cada dez mortes ou internações correspondem a não vacinados

Número de óbitos no país despencou após o início da imunização contra o novo coronavírus; Brasil voltou a ter média de mortes abaixo de 200 vítimas diárias

Por **iG Saúde** | 05/12/2021 09:25

No dia 04/01/22, o registro de um momento muito gratificante: tomei a terceira dose. E fazia um mês que não havia sido registrado um caso novo em Frutal.

Porém as aglomerações e a falta de cuidado nas festas de fim de ano começaram a refletir negativamente nos serviços de saúde e nos dados da pandemia. Nos primeiros dias de janeiro, Frutal registrou um aumento significativo de novos casos de Covid-19, com crescimento da procura por atendimento médico devido a sintomas respiratórios e testes positivos. No dia 05 de janeiro de 2022, a Prefeitura divulgou um boletim com 46 novos casos e depois de 24 horas, mais 55.

O Ambulatório de Combate à Covid-19 havia sido fechado em 24 de dezembro de 2021 devido à queda do número de casos e os atendimentos passaram a ser realizados no Hospital Municipal Frei Gabriel. O boletim epidemiológico do dia 06/01/2022 informou o registro dos 55 novos casos, e até então 9.577 pessoas haviam contraído o coronavírus.

A tristeza voltava a fazer parte da realidade da nossa cidade. No dia 19/01, o boletim informou a confirmação de mais 130 novos casos de Covid-19 em 24 horas.

O Quadro 1 mostra os principais tipos de manifestação e suas respectivas descrições no retorno às aulas presenciais.

Quadro 1 – Instrumentos de avaliação do retorno às aulas presenciais

DESCRIÇÃO	FACEBOOK	WHATSAPP	TWITTER
PERGUNTA 1 Quando as pessoas falam que os alunos estão tendo perdas se não retornam às aulas?	O que eu acho quando as pessoas falam que os alunos estão tendo perdas irreversíveis em relação ao ano letivo? Só uma coisa é irreversível, a morte! Indignada com comentários de pessoas hostis e sem informações. Vamos fazer uma chamada no Google Meet e te mostro nosso trabalho de segunda a sábado. Lugar de criança é na escola!		Caixa de Pandora @pliavinha_ 2020: a humanidade vai aprender muito com essa pandemia 2021: aprendemos q o vírus evolui e a sociedade não 18:22 · 13 mar 21 · Twitter for iPhone

DESCRIÇÃO	FACEBOOK	WHATSAPP	TWITTER
PERGUNTA 2 O que você acha da volta às aulas?	Numa postagem que dizia que professor recebe sem trabalhar, perguntei: mas onde tem professor recebendo sem trabalhar? Pais, cuidem bem dos seus filhos! Façam companhia a eles o máximo de tempo possível, pois nunca sabemos quando algo irá tirá-los de nós. Todo pessimista é vagabundo. Não retornar ao trabalho e dizer que está com medo do vírus. "Vc" é um pessimista vagabundo. "Você" se senta e espera dar errado, torcendo para quanto pior melhor. Tu és um vagabundo. #escolasabertas		**Ana Lesnovski** @analesnovski "A pandemia ensinou muito pra gente". Ensinou. **Ensinou que o ser humano é egoísta e incapaz de ceder um milímetro da sua vida pela vida de alguém que não seja ele mesmo. Não vai passar nunca pq a gente não liga pros outros, vamos admitir.** 1:05 PM · 22 de ago de 2021 · Twitter for iPhone

Questionário com famílias

- 8 famílias responderam:

1- Sua Família está tendo acesso as atividades não presenciais ? De que forma ?
8 respostas

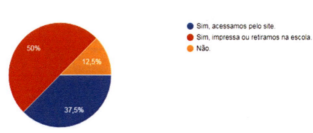

2- Você considera importante a oferta de atividades não presenciais aos alunos?

8 respostas

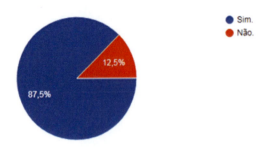

3- Se você pudesse escolher, qual período sugere para o retorno presencial?

8 respostas

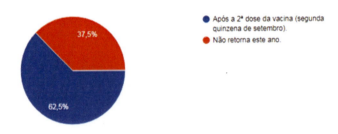

4- Na sua casa há presença de pessoas que pertencem ao grupo de risco (hipertensos, diabéticos e idosos etc...)?

8 respostas

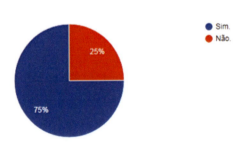

5- Você foi infectado pelo coronavírus?

8 respostas

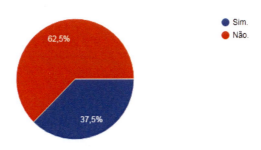

6- Você teve alguma perca vitima de Covid-19? Qual grau?

8 respostas

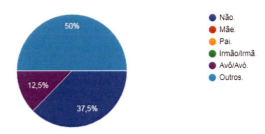

7- Qual foi o impacto da doença na sua vida?

8 respostas

Variass coisas

Prejuízos no sistema emocional, social, etc..

Um aprendizado. O amor à vida e ao próximo. Valor na família, nos amigos e nas pequenas coisas.

Triste

Financeiro e perca de pessoas queridas

Medo

Mudou muito a rotina

Não poder sair de casa,Estudar online, Não poder ver seus avós,Isso me impactou Muito!!

Questionário com professores

- 18 professores responderam:

1-Considera importante a oferta de atividades não presenciais aos alunos?

18 respostas

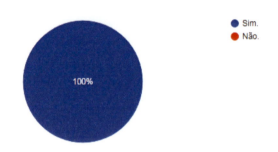

2- Na sua casa há presença de pessoas que pertencem ao grupo de risco (hipertensos, diabéticos e idosos etc...)?

18 respostas

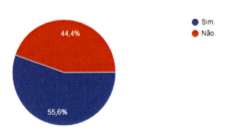

3- Se você pudesse escolher, qual período sugere para o retorno presencial?

18 respostas

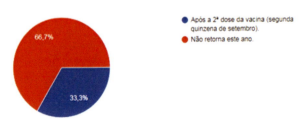

4- Você foi infectado pelo coronavírus?

18 respostas

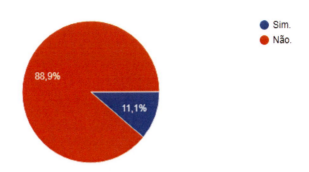

5- Você teve alguma perca vitima de Covid-19? Qual grau?

18 respostas

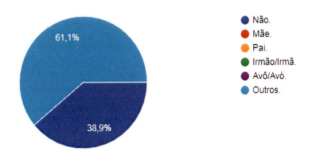

6 - Qual foi impacto da doença na sua vida?

R: Quando eu e meu esposo nos infectamos, a sensação de medo e incerteza nos afetou muito psicologicamente. Meu esposo precisou ser internado e ficar no oxigênio.

R: O impacto foi forte, pois a vida mudou radicalmente, principalmente para quem toma todos os cuidados.

R: Ela mudou completamente a rotina de todos em casa. E vai continuar porque o vírus ainda está circulando.

R: Insegurança e perda de pessoas amadas.

R: Foi muito difícil o afastamento da escola, pois trabalho em duas escolas e ficou muito complicado trabalhar a distância. E o distanciamento social, também tive que me adaptar.
R: Perda da rotina. Perda de conhecidos.
R: Mudou a rotina e os hábitos.
R: Foi enorme, uma mudança da vida em todos os aspectos (econômico, social, profissional, afetivo, espiritual) e necessidade de valorizar o que, por vezes, não era percebido.
R: Muitas perdas, isolamento, angústia, incerteza.
R: Mudanças repentinas, como financeiras, no trabalho etc.
R: Muito grande em todas as áreas.
R: Me trouxe muito medo.
R: Péssima.
R: Ansiedade, insegurança, medo, aflição, Mas com muita fé em Deus de que tudo irá passar...
R: Alterou toda a dinâmica de relacionamentos.
R: Essa doença trouxe distanciamento social, causando ansiedade e tristeza. A dor da perca de pessoas muito queridas por causa dessa doença é irreparável. O medo é constante em minha vida – medo de perder pessoas, medo de ser contagiado novamente.
R: Medo constante de ser contaminada e grande insegurança.
R: Financeiramente (preços abusivos produtos).

 O dia 21/10/2022 amanheceu ensolarado e com muita esperança, com a notícia, na nossa pequena cidade, de que havia chegado à vacina para as crianças de 5 a 11 anos: "A Secretaria de Saúde divulga a lista de comorbidades para a vacinação de crianças de 5 a 11 anos contra a Covid-19".

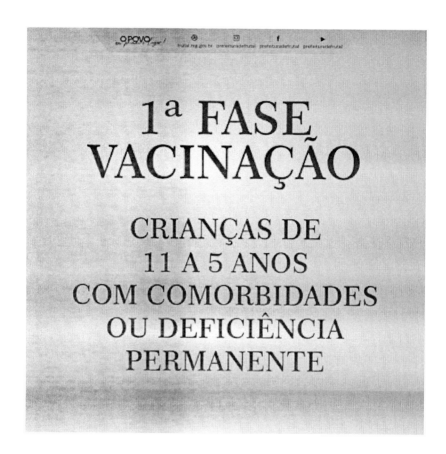

Então, veio a nossa preocupação como educadoras de como voltar às aulas, já que saiu um decreto da cidade do retorno ao sistema presencial, visto que a vacinação nas crianças estava se iniciando: "Fica autorizado o retorno às aulas presenciais no município de Frutal, nos setores público, privado e filantrópico, observando-se as orientações do Comitê Municipal de Educação de Gerenciamento da Pandemia da Covid-19. O decreto entra em vigor nesta sexta-feira".

Capítulo 3

Após dois anos de pandemia: um passeio com os amigos

Passeio com amigos! Foi tudo programado no susto. Programamo-nos em três casais para irmos para Balneário de Camboriú. Preparamo-nos para viagem, mas com aquela incerteza: será que vai acontecer devido à pandemia? Todos os dias escutando as notícias de que estavam cancelando voos. E chegou o tão esperado dia da viagem!

No primeiro dia sem programação de passeios, acordamos com o cheiro do café preparado por um do grupo, com direito até a decoração. Como todos estavam todos no pique, com energia de criança para ir para a praia, pensamos ficar em uma praia mais próxima da nossa localização, muito bonita, mas os preços fora da nossa realidade (uma garrafinha de água era dez reais) tudo muito surreal sendo o valor real de uma água cerca de R$ 0,85.

Acho que ficamos umas duas horas resolvendo em que praia e optamos por um lugar lindo, a Praia de Bombinhas. Foi uma tarde perfeita. Como sempre acontece, todo grupo tem aquele mais extrovertido, que faz brincadeira o tempo todo, até com aqueles que não são da turma. Era uma praia que tinha muitos turistas estrangeiros e os sotaques eram motivos para nós rirmos. O nosso amigo aquele brincalhão chamava a atenção de todos, dizendo: "Olha, você já ouviu falar em Frutal? É a cidade que moramos". Imagina... Frutal está totalmente fora da realidade dos gringos. Olha quantas aventura no nosso primeiro dia!

Também fomos conhecer a Praia da Sepultura. Olha que nome forte. Era uma praia pequena, mas muito bonita. A tarde chegou e o fim do nosso passeio aquele dia também. Pegamos um engarrafamento enorme, mas tudo era festa. Até um ciclista que passava era motivo de muitas risadas, nem vimos a hora passar. De volta no local em que estávamos ficando, bateu aquela fome, e encerramos a noite com dois tipos de macarrão. Não sei explicar qual era o melhor.

No dia seguinte, com muita expectativa, fomos fazer o passeio do pirata. Uma das minhas amigas só falava do passeio do pirata. E ela estava certa, pois foi muito bom, teve até apresentação de teatro. O pirata chamou um do nosso grupo para participar e foi, claro, o mais extrovertido, mentindo que era seu aniversário. No final, até ele estava acreditando (risos). Depois, fomos à Praia das Laranjeiras. E como o mundo é pequeno! Encontramos um casal da nossa cidade. Ficamos umas 3 horas, foram muitas risadas. Mas ainda tínhamos dois passeios para fazer: a famosa Big Wheel, a roda-gigante e o aquário.

Chegando ao nosso segundo passeio fomos abordados por um vendedor, que nos propôs para comprar um apartamento, mas todos do grupo ficaram apreensivos de aceitar. Chegamos à Big Wheel, a roda-gigante que tem 65 metros de diâmetro e está a 17 metros acima do nível do mar, somando a altura de 82 metros. Localizada no extremo da Barra Norte, a atração conta com 36 cabines com capacidade máxima para seis pessoas cada. Todas elas são climatizadas e equipadas com câmeras de monitoramento e interfone de emergência. Com direito até a pipoca! Que sonho! Quase todos tinha medo de altura, mas estávamos tão felizes e realizados com o passeio que até o medo passou. E, então, fomos para o nosso último passeio do dia, conhecer o Oceanic Aquarium, com mais de cem espécies vivendo em diversos habitats subaquáticos.

Encerramos o nosso segundo dia de passeio com churrasco muito legal, com muitas risadas. Ah! Esqueci de comentar... Um dos amigos estava apagadinho, muito gelado, com dor de garganta.

E chegamos ao terceiro dia do passeio. A nossa programação foi conhecer a Praia de Jurerê, em Florianópolis. Não foi bem aquilo que a gente imaginava, pois um do grupo estava com a garganta infecionada, teve direito até a uma infecção que um integrante do grupo precisou aplicar uma injeção.

Esse foi dia em que mais rimos, foi muito bom. Conhecemos mais duas praias: a Praia do Estaleirinho I e a Praia do Tombo. Ficamos umas duas horas em cada. O grupo já estava muito cansado, então resolvemos voltar para o apartamento para descansarmos para conhecermos o centro de Camboriú à noite. Quando lá estávamos, começou a chover e tivemos que voltar. Para encerrar a noite, os meninos resolveram fazer um churrasco. Já estava batendo aquela tristeza, pois estava acabando o nosso passeio.

No nosso quarto dia de passeio voltamos à Praia de Bombinhas. Fizemos amizade com um cachorrinho e colocamos nele nome de Pitu. Também conhecemos alguns gringos, um argentino e uma linda garotinha do Paraguai. Mas saímos de lá, pois ainda queríamos conhecer mais dois lugares: a Praia do Caixa D'Aço (uma linda praia de encontro de lanchas e tainha, que transmitia muita paz) e o Morro do Macaco, onde queríamos ver o pôr do sol. Eu fui a mais lenta da turma, não imaginava que havia uma escada com tantos degraus. Grandioso! Quanta beleza lá de cima! Tudo perfeito. A natureza é perfeita. Tiramos várias fotos, mas começou a escurecer e era hora de partir.

De repente, começou a chegar mensagens para um de nós, dizendo que o nosso voo dia seguinte tinha sido cancelado. Apesar de preocupados, continuamos o nosso passeio. Fomos conhecer o Cristo Luz, um ponto turístico muito indicado, e realmente valeu a pena, era um lugar maravilhoso, com muita grandeza. Sem explicação para esse momento, de estar tão perto do criador.

Encerramos a noite comendo um lanche. No rosto de todos, aquele semblante de cansaço e preocupação de como seria o dia seguinte. Mas chegou uma mensagem de que nosso voo a São Paulo estava garantido, apenas adiantando uma hora. Então era hora de arrumar as malas e dormir, pois ainda tínhamos o último passeio para ser realizado, andar no bondinho.

E foi tudo perfeito também, com a floresta encantada e a montanha-russa ". Nunca tinha imaginado viver tanta emoção, viver o "cinquentão" com aquela sensação de juventude realizada. Bateu tristeza na hora de irmos para a balsa dos navegantes e encerrar o nosso passeio em Camboriú. Todos estavam com a aparência de acabados, mas também de missão comprida.

Agora sim, o nosso voo com destino a São Paulo. Mas nem tudo foi. Ao chegarmos no Aeroporto Congonhas vimos que estava chovendo muito. Encontramos alguns amigos da nossa cidade e eles nos disseram que fazia cinco horas que estavam no aeroporto por causa da chuva e de voos cancelados. Uma amiga do grupo encontrou um casal conhecido, sua prima e o marido, que também estava há horas esperando o voo para São Paulo.

Nosso voo estava marcado para as 17h. De repente, mudou o portão de embarque. Um responsável da Latam chegou com a informação de que tinham trocado a aeronave por uma menor, mas eles precisavam de 30 voluntários para nela embarcarem, e que eles pagariam o táxi e fariam um reembolso de mil reais por pessoas, então aceitamos. Nosso grupo disponibilizou-se, pois estávamos muito preocupados com a chuva. Só não contávamos a surpresa com a empresa de táxi que a Latam havia contratado.

Um dos motoristas era totalmente volúvel, ele estava fazendo corrida Fórmula 1, pois andava muito rápido, e o outro não enxergava bem. Uma passageira estava desesperada, pois o marido dela tinha a deixado há pouco dias e ela ficou pedindo para os passageiros conversarem com ela para ela dormir. E, ainda, na saída de São Paulo, um dos motoristas errou caminho e o outro carro que pedimos quase bateu. Olha que aventura que vivemos nesse passeio! Mas sentimos medo. Parávamos em todos os pedágios para o grupo se encontrar, pois estávamos em carros separados. Paramos no Posto Zero para jantar...

Enfim, estava programado para chegarmos às 19h e só chegamos em São José do Rio Preto às 3h; e, depois, na nossa cidade, às 4. Só então pudemos dizer que o passeio estava concluído. Apesar das dificuldades, podemos dizer que nosso passeio foi muito bom. Quando podemos voltar para lá?

Férias em família

Fonte: arquivo pessoal da autora

Capítulo 4

Relatos de familiares que perderam seus entes queridos pela Covid-19

Solange Bezerra Ferrari – 41 anos – Venceu a Covid-19

Bom dia. Eu me chamo Solange Bezerra Ferrari, tenho 41 anos, e o meu apelido é Sula. As pessoas me chamam mais pelo meu apelido do que pelo meu nome. Aqui, dou o meu relato, o meu testemunho pessoal, do milagre que aconteceu na minha vida.

A Rosimeire escreveu este livro e citou o meu nome, e eu fico muito orgulhosa, muito grata, de fazer parte dele, falando de um momento que foi tão difícil para todos nós, um momento de muitas perdas, de muita tristeza, de muita dor, mas também um momento de muita glória e de muita alegria para algumas pessoas, inclusive para mim. E eu só tenho a agradecer a Deus e a todos que participaram diretamente e indiretamente do meu milagre.

Tudo começou no dia 31/05/2021, quando tomei a primeira dose da vacina contra a Covid-19, a AstraZeneca. Tomei-a no dia 31, em uma segunda-feira que eu estava de folga. Eu trabalho no Condomínio Parque Lago e Sol e eu folgo aos domingos e às segundas. Quando eu tomei a vacina, eu me senti muito mal, senti uma sensação estranha. Mas as pessoas falavam assim para mim: "Não, Sula, é normal as pessoas se sentirem assim, sentirem esse mal-estar. Nós tomamos a vacina, é a reação do seu corpo". Então tudo bem.

Na terça-feira eu nem fui trabalhar porque eu não estava me sentindo nada bem. Quarta eu fui; bastante debilitada, com diversas dores no corpo, mas fui. Quando foi na quinta, eu senti um pouquinho de dor, mas continuei. No dia 15 de junho, eu comecei a me sentir um pouco estranha, um pouco de dor no corpo – foi numa terça-feira à tarde –, uma sensação de mal-estar, mas pensei: "Ah, são os mesmos sintomas que eu senti quando eu tomei a vacina. Deve ser coisa da minha cabeça".

No dia seguinte, quarta-feira, acordei e fui trabalhar normalmente. Chegando no trabalho, eu não estava nada bem. Fui almoçar na minha mãe – eu almoço todos os dias na casa dela; ela mora no Condomínio Lago e Sol e eu em Fronteira, na Avenida dos Pinheiros, número 77, Bairro Eduardo Girondon, em Minas Gerais. A minha mãe mora lá no Condomínio Parque Lago e Sol, aqui em Fronteira, que é onde eu trabalho.

E o que aconteceu? Eu fui almoçar, mas não consegui comer e comecei a vomitar, vomitar, vomitar, vomitar. E eu falei: "Não consigo trabalhar". Liguei para o meu patrão, para o seu Juscelino, e ele falou: "Não, Sula, pode ir ao médico". E foi o que eu fiz. Aí, naquele suador, naquela coisa ruim, naquele mal-estar, mediram minha pressão. Ela não estava alterada, mas eu suava muito, sentia uma fraqueza muito grande, uma sensação ruim.

Fizeram o primeiro teste de Covid-19 e deu negativo. Após dar negativo, o doutor Luiz, que, inclusive, foi o médico que ajudou a me entubar, disse: "Olha, vamos fazer um raio-x por precaução". Foi de Deus ele ter falado isso, porque já tinham me passado uns remédios e estavam me mandando ir para casa. A moça que fez o raio-x, a Márcia, é minha conhecida. Ela fez e ficou com a cara meio estranha. Então ela me chamou em um quartinho, chamou a enfermeira e falou: "Ó, faz o teste nela novamente". E rapidinho já saiu aquele teste do cotonete: positivo. As enfermeiras já foram pegando os meus dados.

Em casa, somos somente eu e meu filho; eu sou separada há oito anos. Atualmente, eu tenho um relacionamento com o Henrique, o meu namorado. Nós namoramos há seis anos e sete meses. E ele me ajudou muito; ele e os meus pais, meu pai, Antonino, conhecido como Tonhão, e minha mãe, Maria Ferrari. Também me ajudaram bastante o senhor Juscelino, a dona Madalena, a Rafaela, a irmã Marlene e a minha sogra, a dona Solange (a minha sogra tem o mesmo nome que o meu). Foram tantas pessoas que não dá para citar aqui.

Quando os médicos falaram que eu estava com Covid-19 eu entrei em desespero, porque na hora eu pensei no meu filho. O Felipe é autista, em nível de médio para grave. Na época ele tinha só 14 anos. Ele é um rapaz muito bonito, mais alto do que eu, mas ele é dependente, em tudo ele precisa de auxílio, e ele não conversa. Ele escuta o que nós falamos, mas ele não é verbalizado. Já o levei para fazer diversos tratamentos, mas ele não consegue falar.

Ele não é agressivo, é muito amoroso, mas ele precisa de uma atenção especial; inclusive, ele toma remédios controlado. Então, quando me falaram que eu estava com Covid-19, eu fiquei desesperada. "O que vai ser do meu filho agora? Ele depende de mim", falei.

Eu fiquei internada já na quarta-feira, em isolamento, e já começaram com os medicamentos. O meu filho ficou na casa do meu ex-marido, o Isaac, com a madrasta dele, a Márcia – antes ele estava na casa da babá daquele tempo, a Marta. Atualmente, babá é a Josy. A Marta também me ajudou muito nesse período, cuidando do Fê.

Aí já começou a me dar ansiedade, eu não sei se foi o meu psicológico que ficou abalado, porque eu tinha muito medo. Eu fui criada na Igreja Evangélica, sou evangélica até hoje. Eu nunca bebi, nunca fumei, nunca usei droga, nenhum tipo de entorpecentes, sempre pratiquei atividade física. Eu sou uma pessoa muito saudável, que não tinha nenhum tipo de comorbidade, muito proativa e, de repente, peguei essa doença.

Eu não sei dizer onde foi. Não sei se foi no meu trabalho, onde eu convivo com muitas pessoas, não sei se foi no mercado, enfim. Eu sempre fui muito cautelosa, principalmente no início da pandemia. Eu usava máscara o tempo todo, cheguei até a usar luvas. Foi após eu tomar a vacina, porque o local em que trabalho tem um grande fluxo de pessoas e eu não tinha pegado até então. Mas aquilo que nós temos que passar não é outra pessoa que vai passar por nós, e serviu de experiência, para crescimento para a minha vida, e provou que Deus me ama muito.

Mas voltando à situação... na quarta-feira, eles já me colocaram a máscara VNI de oxigênio. Na quinta, a minha saturação já estava muito baixa, caiu de 80 para 75, e eu estava com muita dificuldade respiratória – pelo raio-x, meu pulmão já estava 80% comprometido; a tosse não foi o primeiro sintoma. Eu creio que isso deve ser porque eu era uma pessoa sem comorbidades e os pulmões eram bons. Os primeiros sintomas foram vômito e mal-estar. A tosse e a dificuldade de respirar vieram depois que eu descobri que estava doente.

Então, na quinta-feira eles já colocaram aquela máscara... um capacete, não era máscara mais... Era um capacete, que tinha nele todo o oxigênio. Eu tive que tomar morfina na veia para poder ficar com esse capacete. Foi muito sofrido, muito dolorido. E eles falavam: "Fica com o capacete, Sula, para você não entubar". Eu morria de medo de entubar, pois aqui na Fronteira, as pessoas que tinham sido entubadas, se eu não estiver enganada, acho que umas 14 ou 15 pessoas, todas tinham falecido.

Os entubamentos aqui não tiveram sucesso porque aqui não é um hospital, é um pronto atendimento para coisas leves, não para coisas graves. Mas como foi na época do surto da pandemia de 2021, os hospitais estavam cheios, não havia vaga. Eles até tentaram, todo mundo tentou: os médicos, meus familiares com o meu patrão, meus amigos etc. E eu só podia ir para um hospital do estado de Minas Gerais porque eu tinha dado entrada no SUS de Minas. Não podia ser transferida para o estado de São Paulo, por exemplo. Enfim, não tinha jeito, tinha que aguardar. E os hospitais não estavam aceitando que não estavam entubadas, apesar de eu já não estar conseguindo respirar.

Quando foi na sexta-feira, eu gravei um áudio para o meu namorado, para o Henrique, falando para ele: "Amor, eu vou morrer. Você ajuda cuidar do Fefê?", porque eu achava isso, pois eu não conseguia mais respirar. Eu puxava o ar e não vinha. É uma sensação horrível, não desejo para ninguém. É muito triste você tentar puxar o ar e não conseguir. Nós não damos valor às mínimas coisas, como respirar. Termos autonomia de nós mesmos é algo sem preço. Saúde é algo que não tem preço.

E aí, no sábado de manhã, no dia 19, eu fui entubada. Quando os médicos – a doutora Marta e o doutor Luiz – falaram para mim que iam me entubar eu comecei a chorar muito, pois eu não queria.

O doutor Luiz foi o médico que estava de plantão e que sugeriu o raio-x. E eu agradeço a Deus, porque ele é cirurgião plástico, mas pensou nisso. Se não fosse ele eu nem sei se estaria aqui hoje; ele auxiliou muito.

Na hora da entubação meus pulmões inflaram pulmão com alvéolos de sangue. Então tiveram que drenar os meus dois pulmões. Fizeram dois furos, um de cada lado do meu seio, para drenar. A enfermeira Bruna falou: "Sula...". Ela começou a chorar e disse: "Você é um milagre. Você ficou transfigurada, você inchou todinha na hora". Foi muito complicado. Eles começaram às 8h30 da manhã e foram terminar eram mais de 13h por causa da complicação.

Foi um desespero, estava todo mundo do lado de fora: meu pai, minha mãe, meu patrão, a dona Madalena, a babá do Felipe, as minhas amigas. Até meu ex-marido estava lá. E todo mundo desesperado. Então eu fui para Uberaba, me transferiram para lá, com a UTI móvel. Minha mãe chegou a me ver antes de eu sair e disse que eu estava desfigurada, gelada, com o pé gelado, totalmente inchada e amarela.

Ao chegar em Uberaba, o primeiro hospital em que eu fiquei foi o Hospital Escola de Uberaba, no Regional. Fiquei lá 35 dias, em coma induzido. Não me lembro de nada desse período por estar em coma induzido. É como se a minha mente tivesse apagado. Durante esse período ninguém pôde me ver. A minha família e os meus amigos ficaram 35 dias sem me ver. A dona Madalena, esposa do senhor Juscelino, criou um grupo no WhatsApp. Eu sou muito conhecida aqui em Fronteira. Antes de eu trabalhar no condomínio eu fui conselheira tutelar no município por dois mandatos, venci duas eleições.

Enfim, quando a dona Madalena criou o grupo, ela adicionou mais de duzentas – familiares, amigos, rancheiros etc. E foi muito bonito isso, porque todo mundo se compadeceu com a minha dor por conta do meu filho. Por ele ser especial, todo mundo ficou compadecido, porque eu sou uma pessoa muito querida, muito conhecida, e todo mundo orava, todo mundo rezava, todo mundo no seu propósito, na sua religião. O grupo, chamava "Unidos em Oração" e era para mim.

Era o grupo de oração para a Sula, mas não só para mim, para quem estava ele também, porque aí virou um grupo de oração. Quando as pessoas estavam com problema nas famílias, com a mesma situação que a minha, pediam lá e todo mundo intercedia pelas famílias. Mas o intuito inicial do grupo era em meu favor – volta Sula, não é?

E aí todo mundo, a psicóloga lá do Hospital Escola, pediu, e diversas pessoas, meus amigos, meus familiares, mandavam áudio, e a psicóloga colocava-os para eu ouvir. Ela disse que eu tinha espasmos de alegria, meio que sorria, mesmo desacordada, mas eu não lembro de nada disso. A primeira memória que eu tenho dessa época foi já lá no Hospital William Gotti, para onde fui transferida. Antes disso eu estava sedada, então não lembro de nada, do trajeto, de nada de nada.

Eu fiquei 35 dias no Hospital Escola, depois eu fui transferida para o Hospital William Gotti. Chegando nesse hospital, até eu acordar, algumas pessoas já tinham ido me visitar, mas eu não lembro. Já tinham ido a tia do Henrique, a tia Simone; o senhor Juscelino e a dona Madalena; meu pai e meu namorado; minha amiga Ruth e a Grazi. Mas deles eu não lembro. A primeira pessoa cuja visita eu lembro foi a minha mãe. Depois foram meu filho, meu ex-marido e meu namorado.

Mas quando eu acordei não tinha ninguém lá e eu fiquei muito apavorada. No primeiro momento, a hora que eu acordei, eu pensei que eu tinha tido um AVC, um acidente, alguma coisa assim, porque meu pescoço não mexia. Eu estava totalmente inchada, com aquele tubo no meu pescoço, com todos aqueles aparelhos. Quando os enfermeiros viram que eu estava me mexendo, eles foram até a mim. Eu fiquei muito assustada, porque eu sou muito comunicativa e eu tentei falar, mas a voz não saiu por causa do tubo de oxigênio, que estava ligado diretamente nos meus pulmões. Então, quando eu tentei falar e a voz não saiu, no primeiro instante eu pensei: "Meu Deus, o que aconteceu comigo?".

Aí eu mexi os lábios e perguntei: "Cadê?". A primeira pessoa de quem eu perguntei foi meu filho. Depois, a minha mãe. Falei: "Cadê meu filho? Cadê a minha mãe? Onde é que eu estou?". O pessoal falava para mim: "Calma". O diretor do hospital, o Fábio, falou: "Calma, Sol, Solange...". Lá eles não sabiam que o meu apelido era Sula. Eles me chamavam de Sol lá. "Calma, Sol. Você passou por um procedimento". Na hora que ele falou "procedimento", foi como se minha memória fosse reativada.

Eu lembrei na hora que no outro hospital eles me falaram: "Você tem que passar por esse procedimento no sábado, na hora da entubação, senão você vai morrer". A doutora Marta e o doutor Luiz falaram para mim: "Fica tranquila, vai dar tudo certo. Você tem que passar por esse procedimento". Então, quando ele falou "procedimento", eu lembrei que eles tinham me entubado. Aí eu me desesperei, comecei a chorar. Daí acho que eles me sedaram, porque depois disso eu não lembro de nada, eu apaguei. Ao acordar, a primeira pessoa que eu vi foi a minha mãe. E eu fui retomando a consciência de tudo que eu tinha passado.

Após um período, no dia 10 de agosto, eu fui transferida para o leito. Eu estava com aquela traqueostomia de metal. Eles tiraram o tubo e colocaram esse "traque". O doutor Luciano me disse: "Ó, se você reagir bem, ficar bem, você vai ter alta". Ah! No período de hospitalização, meu organismo se desregulou todo. Eu tive que fazer mais de 20 sessões de hemodiálise e recebi mais de 22 bolsas de sangue. Com as hemodiálises, minha pressão desregulou. Eu fui internada uma vez no Hospital Escola, foi quando eu melhorei. Também fizeram lavagem em mim, porque minhas fezes ficaram empedradas na barriga, eles acharam até que eu estava grávida. E tive quatro tipos de infecções.

Esta pessoa que está falando aqui para você, Solange é um milagre. Os médicos olhavam para mim e falavam que eu não tinha chance de vida. De 100%, eu tinha em torno de 5 a 3%; 95% era morte. Então, eu realmente sou um milagre, a prova de que Deus existe.

Então fui para o quarto no dia 10, uma quarta-feira. No dia seguinte, quinta de manhã, quando colocaram a traqueostomia, o médico falou: "Você pode conversar". Aí eu fiquei conversando a noite inteira com a minha mãe, tampando o buraquinho do "traque" de metal. Eu não deixei minha mãe dormir, porque eu estava há muito tempo sem conversar e como eu sou muito comunicativa, gosto de falar muito. Dá para perceber, né? Era para gravar aqui de forma resumida e eu estou falando bem detalhada.

E, então, o doutor Luciano foi lá novamente e tirou a "traque". Eu também estava passando com uma nutricionista, porque eu estava há muito tempo sem me alimentar, só com aqueles alimentos que eles colocam na veia diretamente. E eu não tinha bebido água durante esse período, e foi uma das coisas que eu mais sofri: a sede e a fome. Uma vez por dia eles molhavam uma gaze e passavam na minha boca. Então eu senti muita fome, muita sede e muito frio, porque eu sou muito friorenta. Passei frio porque eu estava bem debaixo do ar. Então eu sofri muito. Nós temos que agradecer todos os dias a Deus por nossa saúde, pelo nosso alimento. Não é fácil, e tantas pessoas passam isso. Eu senti um pouco na pele. Foi temporário, mas senti.

E aí ele tirou a "traque" e ele disse: "Olha, se você não tiver febre, se você voltar a fazer xixi... – porque eu estava usando fralda – se conseguir fazer xixi normal, você vai ter alta". Eu fiquei pedindo a Deus: "Meu Deus, me ajuda a não ter febre". Na sexta-feira, dia 13/08/2021, eu tive alta médica e foi uma benção. Todo mundo fala que 13 é o número do azar, mas no meu caso foi o número da benção. Então eu fui embora, para a casa dos meus pais.

Chegando lá fui recepcionada com louvor, com balão, com ursinho, com faixas de "Volta para casa, Sula". Muito bonito, com banner e tudo. Foi muito bonito. As pessoas me acolheram de modo muito lindo. Tudo foi muito, muito triste, mas ao mesmo tempo foi muito bonito, sabe? Um misto de dor com alegria pelo que eu passei.

Quando eu voltei para casa eu não conseguia andar. Voltei, mas fiquei debilitada, na cadeira de rodas. Voltei usando fralda e com o oxigênio VNI, porque eu ainda estava com dificuldades respiratórias. O cilindro de oxigênio estava na casa dos meus pais. A minha mãe contratou uma enfermeira, a Ana Lúcia, que foi uma benção na minha vida. Ela ia lá me dar banho todos os dias. Depois começou a Amanda Fernandes, fisioterapeuta, que também é outra pessoa que eu tenho que muito agradecer a Deus. Ela fazia sessões de fisioterapia lá na casa dos meus pais; nós a pagamos para ir lá.

E foi assim durante esse período de reabilitação. Foi tudo muito difícil porque eu usava fralda, eu perdi o paladar... tudo tinha gosto de terra. Minha mãe ficava desesperada porque eu não comia, tudo eu vomitava. Acho que é por ter ficado tanto tempo sem me alimentar. Ah! Um detalhe: a primeira coisa, é até engraçado, que eu pedi para ela no hospital, porque eu amo muito, foi Coca e carne. Aí eu bebi suco, e Coca bebi lá um pouquinho. Não podia, mas eles deixaram. Eu ficava falando que eu queria Coca, bifão e melancia. Aí me deram isso lá no hospital, antes de ter alta. Mas eu vomitei tudo. E na minha mãe também.

Aí foi indo, o processo foi lento, foi gradativo, foi muito doloroso. A minha perna direita... O doutor Plínio... Eu estou citando o nome porque é bom que fica tudo especificado certinho... O doutor Plínio, aqui de Fronteira, o médico ortopedista, ele falou: "Olha, você ficou com a síndrome do pé caído. Você perdeu os movimentos devido ao grande tempo em que ficou parada, perdeu a sensibilidade". No hospital tinha as fisioterapeutas, que faziam fisioterapia todos os dias em mim. Eu não vi no Hospital Escola, mas lá no William Gotti sim. Mas eu fiquei com toda a mobilidade comprometida.

Para você ter uma ideia, eu não conseguia segurar um celular na mão. No dia em que eu fui transferida para o quarto, minha mãe me deu o celular e ele caiu da minha mão, em cima do meu colo, porque eu não tinha sensibilidade nas mãos. Eu perdi a força motora. E aí a Amanda foi aos pouquinhos. Para ter uma ideia, eu segurei meio quilo, um pesinho de meio quilo, parecia que eu estava segurando 50 quilos. Eu não conseguia. Então ela me deu um pesinho de 250 gramas. Aí fui fazendo exercício com as bolinhas.

A minha perna do lado direito, ela formigava. Ela doeu dois meses sem parar, formigava dia e noite, muito inchada. Eu tive que comprar... Eu uso número 38, eu tive que comprar um calçado 38 e o outro 40, porque não cabia o calçado, a rasteirinha. Sapatilha nem entrava. Então foi um processo bem difícil, bem doloroso.

Após eu ficar uns 20 dias usando fralda, aos pouquinhos eu fui conseguindo voltar a ir ao banheiro normalmente. Depois de uns 25 dias, eu comecei a andar com andador, após as fisioterapias. Depois desse período, em torno de 35 dias eu comecei a andar. Depois de uns 10 dias, sem o andador, eu comecei a dar passos curtos, mancando, com muita dificuldade, mas fui indo. Aí comecei fazer a fisioterapia aqui em Fronteira, no centro de fisioterapia. De lá, a Amanda continuou me ajudando, com o fisioterapeuta Robertinho, o Roberto. E aí foi indo aos poucos e poucos, eu fui evoluindo.

Durante essa trajetória toda, quando eu tive que fazer as hemodiálises, a minha pressão desregulou. Foi a única sequela que eu fiquei. Então o uso medicamentos de controle de pressão arterial. Eu não tinha pressão alta, mas aí ficou. E eu fico meio receosa. O médico já diminuiu bastante de quando eu tive a alta até hoje. Reduziu pela metade a quantidade dos remédios. Esses dias eu fiz uns exames, e o doutor Gabriel, que eu passo aqui, ele falou que nem parece que eu tive Covid, graças a Deus.

Assim, quando eu tive, eu dei anemia e a minha ferratina subiu, porque eu comecei... Quando eu voltei a me alimentar normalmente, eu comi muita carne, muita coisa. Subiu, descontrolou, estava tudo descontrolado. A queratina estava muito alta, então eu tinha que... se ele não reabilitasse, talvez tivesse que fazer hemodiálise. Mas Deus foi tão maravilhoso que tudo em mim está normal. Meus rins estão normais, meu fígado está normal, tudo, tudo, tudo. Só a pressão arterial. Mas ela também nunca mais descompensou, nunca mais descontrolou, o médico reduziu pela metade o medicamento. Aí ele até falou que se eu quiser eu poderia parar de tomar, mas eu fico meia receosa, sabe? Então eu prefiro continuar tomando a dosagem mínima por precaução.

Quando eu voltei a andar aos poucos, a perna estava um pouco comprometida. Mas foi indo, foi voltando, eu fui ganhando novamente a sensibilidade nos nervos, nos pés. O pé que não levantava começou a subir gradativamente.

Logo em seguida dessa situação toda, em novembro de 2021, eu ia fazer aniversário, 40 anos. Este ano eu faço 42. Eu tinha me organizado para fazer uma festa, mas eu estava tão assim... porque o meu cabelo começou a cair. Eu acho que foi a coisa que eu mais senti. O meu cabelo era na cintura, natural, e foi muito triste. Onde eu me sentava, onde eu dormia... Eu tive uma queda de cabelo muito brusca devido às quatro infecções generalizadas que eu tive, por ter tomado muito medicamento forte. Então meu cabelo ele caiu todinho. Eu fiquei, bem dizer, careca. Fiquei com alguns fios de cabelo só. Então foi um procedimento muito dolorido.

Eu agradeço muito à Vanessa, que foi a minha terapeuta capilar. Agradeço muito ao meu namorado também, que pagou todas as despesas das terapias capilares. Porque até então, eu ainda não estava recebendo do INSS devido ao afastamento. Recebi depois, tudo de uma vez. Mas enfim... naquele momento, ele me ajudou muito, me levou nos dermatologistas, pagou todos os custeios que teve com as terapeutas capilares aqui, que não é barato, e foi bem complicado.

E depois disso tudo, eu só tenho a agradecer a Deus. Eu voltei a andar normalmente. Voltei a trabalhar no dia 13 de fevereiro de 2022. Eu retornei ao meu trabalho carequinha, sem cabelo quase, mas retornei. E o meu cabelo, graças a Deus, cresceu forte e saudável. Os dermatologistas achavam que não cresceria, porque já estava com uma certa idade. Quarenta anos não é tão jovem assim...

Ah! Um detalhe que eu quero destacar também. O meu namorado é mais novo do que eu 12 anos. E todo mundo falou: "Ah, ele vai largar dela porque agora ficou feia, e isso e aquilo". Não, ele esteve sempre presente ao meu lado e está até hoje. Ele é um presente de Deus na minha vida. A idade é algo relativo, o que importa é o amor.

Como estava dizendo, o meu cabelo cresceu. Agora, ele está meio desigual, mas já está na altura do ombro, após um ano. Aí, o ano passado, no dia 13 de agosto, eu fiz uma festa de agradecimento a Deus, um jantar, com as pessoas mais próximas a mim – meus amigos, meus familiares, e foi muito bonito. Foi um momento triunfal, que eu agradeço a Deus todos os instantes. Sem Deus nós não somos nada, Deus é tudo na minha vida. Eu agradeço por tudo que Ele fez, por cada detalhe. E mesmo nos momentos dolorosos, como eu disse outrora, Ele esteve ali, cuidando de mim.

Eu agradeço porque meus rins voltaram a funcionar normalmente, eu não fiquei com sequelas, não fiquei manca. O meu cabelo voltou a nascer de novo e as dores que eu sentia na perna, hoje não sinto mais. Mas o que eu digo é de experiência, não é? Porque só quem passou é que pode falar com propriedade de causa. Nós nunca podemos perder a fé, a esperança, de que dias melhores virão. Quando eu estava com dor, eu falava: "Hoje está doendo, mas vai passar"; também dizia, "O cabelo está caindo, mas uma hora vai parar". Então nós nunca podemos perder essa essência, essa esperança... E fico emotiva. E nós temos que sempre confiar em Deus e agradecer.

Eu agradeço a Ele todos os dias por ter pessoas tão especiais ao meu lado, que cuidaram de mim nos mínimos detalhes. Eu agradeço primeiramente a Deus, ao meu filho "Fefito", que não fala..., Mas se eu voltei foi por ele, para ele. Ele não fala, mas o olhar dele, quem conhece o meu filho, sabe. É o olhar mais meigo, que diz mais do que milhões de palavras. Primeiramente foi por ele. E pelos meus pais, que têm um amor muito grande por mim. E pelo meu namorado e por todos.

Eu agradeço a todos, em especial à dona Madalena, ao seu Juscelino, à Rafaela, à irmã Marlene, à minha sogra, dona Solange. Também ao Osmar, vereador, e ao Leandro, que me ajudaram muito. O pessoal aqui da prefeitura deu total apoio em todos os quesitos, todos os enfermeiros que estavam ali. Olha, foram todas pessoas preparadas por Deus. São muitas pessoas que eu tenho... A Amanda, fisioterapeuta; a Vanessa, terapeuta capilar; a Ana Lúcia, que deu banho em mim, enfim... foram tantas pessoas que me auxiliaram que eu não tenho palavras que expressam a minha gratidão.

Hoje é dia 02/03/2023 e em agosto completa dois anos da minha alta médica, e eu só tenho que agradecer a Deus. Graças a Deus estou bem. A única sequela que eu fiquei, quer dizer, não posso nem dizer sequela, a única coisa que ficou foi o remédio de pressão que eu estou tomando. E no mais, eu estou bem. Graças a Deus eu estou muito bem, estou muito feliz, estou de férias. Hoje é o segundo dia das minhas férias. Como eu voltei a trabalhar em fevereiro, estou de férias. E é isso...

O que eu deixo de aprendizado? É que nesta vida nós todos somos instantes. Instantes que podem ser que passem e passem sem nós vermos. Então nós temos que aproveitar cada segundo da nossa vida. Aquilo que nós temos que fazer hoje, não deixemos para amanhã. Não vamos ficar guardando raiva de ninguém, porque o que nós deixamos... se eu tivesse ido embora naquele momento, o que eu iria deixar foi o que eu fiz, não é? Tanto para minha família quanto para o meu filho, quanto para os meus amigos, e não adianta. Então nós temos que aproveitar o hoje, não acharmos que somos melhores do que ninguém, porque todos somos do mesmo jeito e todos vamos para o mesmo lugar. Eu acho que essa doença, a pandemia, vieram para mostrar para todos que ninguém é melhor do que ninguém. Todo mundo falou e achou que eu ia morrer porque eu estava no SUS. "Ah não, ela vai morrer". Mas quando não é o momento, a pessoa não vai. Muitas pessoas ficaram no hospital pago e foram embora, não estão aqui. Eu fiquei no hospital do SUS, fui tratada tudo pelo SUS, e eu só agradeço.

Lá no hospital William Gotti, quando eu estava com o tubo, ficava saindo uma secreção dele, e a enfermeira ficava todo o tempo trocando a toalhinha, sabe? Era uma secreção que saía dos meus pulmões. E em momento algum com cara feia. Em momento algum, todo mundo sempre me tratou mundo com muito amor, com muito carinho. Então, às vezes, as pessoas pré-julgam demais, sabe? E não podemos fazer isso, julgar ninguém.

Eu creio que a pandemia veio, ela levou muitas pessoas para as pessoas verem e terem mais empatia pelo próximo, terem mais amor pelo próximo, e amor em atitudes, sabe, Rose? Porque muitas pessoas não têm. Mas é isso.

Bom, eu falei um pouco aqui da minha história, do meu trajeto... Já meia hora gravando aqui o áudio para você. Espero ter contribuído positivamente para o seu livro, e espero que você tenha sucesso na sua jornada. E se precisar de algo, tanto a editora ou outra pessoa, eu me encontro à disposição para relatar pessoalmente o que aconteceu comigo. Está bom, minha querida? Um beijo, Rosimeire. Fica com Deus. Um grande abraço, está? Tchau, tchau.

Edimilson Lucio de Camargo – 44 anos – enfermeiro

Boa tarde. Sou Edimilson Lucio de Camargo, enfermeiro. Eu tomei a primeira dose da vacina e em setembro de 2020 eu tive Covid-19 pela primeira vez. Os sintomas bem leves, tranquilos. Só tive coriza. Fiquei em casa mesmo, então foi tranquilo. Depois, eu tomei a segunda dose, e em maio de 2021 eu tive Covid pela segunda vez.

Eu comecei a sentir os sintomas no dia 7 de maio. Tive febre à noite, do dia 8 para o dia 9, e no dia 9 eu fiz o teste e deu positivo. Mas até então só tinha só febre e coriza. No dia 10, eu amanheci com falta de ar e fui para o hospital, onde fiquei no oxigênio o dia todo. Aí o médico disse que precisava me internar e eu fui para Barretos.

Em Barretos não tinha leito para mim e eu fui transferido para São José do Rio Preto, aonde cheguei no dia 11, não me recordo o horário, mas assim que eu cheguei eu tive outra crise. Durante a noite eu tive outras crises e fui entubado. Então eu entubei no dia 11 de maio e fui desentubado no dia 19 de maio. Foram oito dias entubado. Esse período de entubação foi muito difícil para a minha família, porque eles não tinham notícias concretas, tudo era incerto, então foi aquele desespero muito grande para eles, que me contaram depois.

Depois que eu fui desentubado, tinha que lidar com umas sequelas que ficaram. Aos poucos eu fui me recuperando. Foram praticamente nove meses para eu voltar a trabalhar e tentar ter uma vida razoável. Até hoje eu sinto bastante cansaço, as pernas não têm muito movimento. Eu ainda continuo o tratamento e continuo sem saber qual é o diagnóstico, o que causou, o que provocou essas lesões da Covid-19. Ainda não tem os estudos certos, né? Mas na medida do possível estou bem, trabalhando e tentando seguir a vida normalmente. Assim, ainda é complicado, mas está tudo certo.

Do período de entubação eu não me recordo de nada e não tinha visita na época. O médico ligava para família e passava como eu estava. Depois que eu acordei, que eu fui desentubado, que eu vi minha família, pois fizeram uma chamada de vídeo. Aí que eu fui descobrir que meus pais tinham tido Covid-19, minha irmã tinha ido para a UTI e estava entubada. Quando eu saí, ela entrou. Mas eu não lembro de nada do período de entubação.

Olha... O que mudou... A gente começa a ver que os valores são bem outros, né? Depois dessa segunda oportunidade que a gente ganha, a gente começa a deixar um pouco a correria de lado, tentar viver um pouco melhor, ter mais convívio familiar, fazer mais coisas diferentes. Antes era só envolvido no serviço, hoje eu tento fazer isso. Eu tive que mudar meus hábitos de vida um pouco, né, por conta das complicações. Até hoje sinto cansaço, fadiga muscular, então tenho que tomar alguns cuidados. Quando me esforço um pouco mais eu perco um pouco os movimentos das pernas, mas a gente vai tentando ter uma vida normal.

Depoimento de Gardênia Ribeiro de Jesus – 44 anos (filha de Erotides)

Meu pai é um soldado guerreiro que venceu a Covid-19. O nome dele completo é Erotides Ribeiro de Jesus, casado com a minha mãe, Joana Maria Ribeiro de Jesus. Na época da Covid-19 ele tinha 81 anos, hoje ele está com 83. Ele tem três filhos: eu, Gardênia Ribeiro de Jesus; meu irmão do meio, Marcus Vinícius Ribeiro de Jesus; e meu irmão mais novo, Roberto Ribeiro de Jesus. Ele tem quatro netos: o Mateus e a Ester, que são meus filhos, e mais um que vai nascer em dezembro, pois estou grávida. Por parte do meu irmão Roberto ele tem mais duas netas, a Isabela e a Lavínia.

Meu pai é paciente do Hospital de Câncer de Barretos, tratando a próstata desde 2000, e quando ele foi diagnosticado com o coronavírus ele tinha essa comorbidade e era hipertenso. Por ele ser paciente do Hospital de Amor de Barretos, ele teve que passar por uma consulta de rotina bem no auge da pandemia, e tinha muitas pessoas lá. Apesar de usar a máscara e de tomar todos os cuidados que a OMS exigia, eu desconfio que ele contraiu o vírus lá. Quem o levou para essa consulta em Barretos, em meados de janeiro de 2021, foi meu irmão Marcus, o irmão do meio, e dias depois os dois apresentaram sintomas de Covid. Por isso nós desconfiamos que foi nesse dia.

Ele começou com sintomas próprios do coronavírus, como uma gripe, como tosse, febre, dor no corpo, aquele cansaço, com dificuldade para respirar. Começou assim, no dia 31/01/21. Quando ele começou com os sintomas pediram o exame, só que o exame demorava dias para sair e os sintomas foram se agravando. Sete dias depois, sem resultado de exame, sem nada, e os sintomas mais graves, eu tive que fazer contato com prefeito Bruno Augusto, falando da situação do meu, pai que a gente estava morrendo de medo de perder meu pai, que ele ia morrer se não fosse atendido.

Aí o prefeito, com a minha mensagem, entrou em contato com o hospital e o exame saiu na mesma hora, e o resultado foi o que a gente mais temia, meu pai testou positivo para coronavírus. Com os sintomas mais graves, já jogaram o nome do meu pai no sistema da lista de espera, porque estava muito difícil a vaga em Uberaba. Isso já era dia 7 de fevereiro. Graças a Deus saiu uma vaga rápido e ele foi transferido direto para a UTI do Hospital Regional José Alencar, de Uberaba, no dia 7 de fevereiro de 2021.

Meu irmão Roberto ficou com o meu pai no Hospital Frei Gabriel, acompanhando tudo e esperando a transferência para Uberaba. Lembro que meu irmão Roberto comentou na época que o médico e os enfermeiros falaram para ele: "Você não vai poder ir com ele, então você se despede do seu pai agora, porque você vai ver ele de novo só se ele voltar". Então entendemos que só se ele conseguisse sobreviver o veríamos novamente. Foi uma sensação muito ruim ouvir isso, mas, realmente, era assim com as pessoas com Covid-19, não podiam ter acompanhantes. Mas meu irmão, mesmo de longe, pegou o carro dele e seguiu a ambulância até Uberaba.

Meu pai deu entrada na UTI em Uberaba. Por aqui, em Frutal, minha família sofria, mas nunca perdia a fé. Eu, com sintomas, testei positivo para a Covid-19, e minha filha Ester também. Porém, sem comorbidades, conseguimos nos tratar em casa. Já meu irmão Marcus, que é hipertenso, apresentou fortes sintomas e teve que ser internado no Hospital São José, respirando com ajuda de oxigênio. Foi angustiante porque não podia fazer visita, não podia chegar perto, não podia fazer nada e a gente só recebia um boletim diário do médico via telefone.

No dia 11 de fevereiro meu pai recebeu alta da UTI, mas estava apresentando problemas de rins, bexiga e coração. Estava dando alteração nesses exames. Mas ele foi vencendo com todo aquele protocolo da Covid. Nesse dia à noite, ele saiu da UTI e foi para o quarto normal. Ao todo ele ficou 16 dias internado em Uberaba, sendo cinco de UTI e onze no quarto normal, esperando melhorar, para poder receber alta. Enquanto isso, meu irmão ficou mais ou menos dez dias internado no São José. O tratamento que foi feito com ele deu certo e ele recebeu também venceu a Covid.

Eu, assim, para falar de sequela que eu tive... Eu nunca tive problema de rinite. Eu não sei se tem alguma coisa a ver, mas depois da Covid a rinite me pegou de jeito. Não sara, tenho que ficar direto colocando remédio no nariz e é bem chato isso. Nunca precisei dessas coisas e hoje eu preciso. Essa questão da rinite me incomoda muito. Minha filha Ester não teve sequelas. Meu irmão Marcus, o que esteve internado no São José, ele não comenta nada, então eu acredito que não tenha ficado nenhuma sequela. Já meu pai ficou com uma dor nas pernas depois da Covid que não passa. Já fez de tudo, tomou tudo quanto é remédio, fisioterapia, tudo, mas não melhora.

A sensação quando a gente fala de pandemia é que a gente passou por uma guerra sem tamanho. Não existem palavras que possam definir a dor que foi passar por isso tudo. E meu pai venceu essa guerra aí, foi muito forte. Ele tinha tudo para não acreditar na vitória dele. Idoso, os idosos eram uma classe de alto risco, o problema na próstata, é hipertenso, e mesmo assim ele venceu!

Naquela época foi noticiado e apesar do sofrimento, o caso do meu pai levou esperança para muita gente que estava passando pela mesma situação. E foram dias de muito sofrimento. A gente nunca se vê numa situação como essa. Tantas pessoas morrendo com essa doença e a família não pode estar perto, não pode ter acompanhante por conta do perigo de contágio.

Meu irmão fala que quando acompanhou a ambulância que levou nosso pai para Uberaba, ele ficou lá, vendo aquela ambulância entrar no hospital sem poder fazer nada, não dar mais nem um passo. Ele não tinha força nem para voltar para Frutal. A sensação de deixar um familiar em um lugar desses e ter que voltar para outra cidade (Frutal) é muito ruim. Então foram diz de muitas lágrimas, angústia e dor, mas a gente manteve a fé.

Teve dias que eu ficava na porta do hospital em Uberaba. A gente sabia que não podia entrar, mas estar lá na porta, de uma certa forma, diminuía a dor. Observamos que muitas vezes tinha duas filas. De um lado era a fila de ambulância com paciente entrando, do outro era a fila de funerária tirando corpos. Ou seja, a gente via famílias saindo com certidão de óbito na mão de um lado e do outro lado famílias saindo com a alta do médico. Era uma mistura de sentimentos, sabe, que é bem difícil de explicar.

A gente só tem a agradecer a Deus todo dia, à equipe do hospital, que o atendeu muito bem. Depois que ele saiu da UTI, a gente conseguia falar com ele pelo telefone. Eles deixaram a gente entregar o celular dele para a gente fazer chamadas de vídeo e acompanhar por vídeo tudo que estava acontecendo, o que ele estava sentindo. Ele ficava totalmente desanimado, falava que não ia voltar, mas a gente o tranquilizava.

Hoje somos felizes pela vitória do meu pai, que venceu essa luta, por outros que também venceram, mas não deixamos de sentir tristeza pelos que não conseguiram. Perdemos amigos, conhecidos, pessoas próximas. A verdade é que sofremos até pelas pessoas que a gente não conhecia. Cada dia, no noticiário, aumentava o número de mortes. Falar sobre isso parece que a gente está relembrando, que a gente está revivendo tudo, e é bem até difícil.

Uma coisa que eu me lembrei agora é que estávamos aqui, todo mundo preocupado... Minha cunhada Luciene, os netos, né, e meu pai estava lá, preocupado se estavam pagando as contas dele. Isso era o que mais o preocupava. Eu cresci vendo meu pai pagar as contas dele tudo adiantada, nunca atrasou uma conta na vida dele. Mas pagamos e deu tudo certo.

Olhando agora essas imagens que registrei na saída dele do hospital, como não podia levar roupas para ele, o hospital arrumou uma roupa para ele lá, que foi uma camiseta com estampa tipo do Exército, como se fosse um soldado mesmo. Na hora eu não reparei, mas agora, olhando a foto, era como se fosse um soldado mesmo, que tinha acabado de vencer uma batalha.

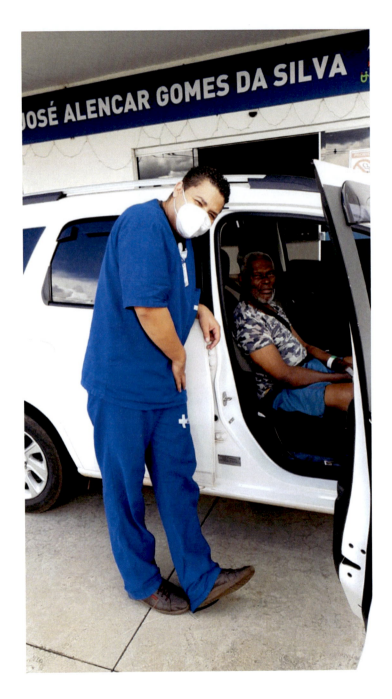

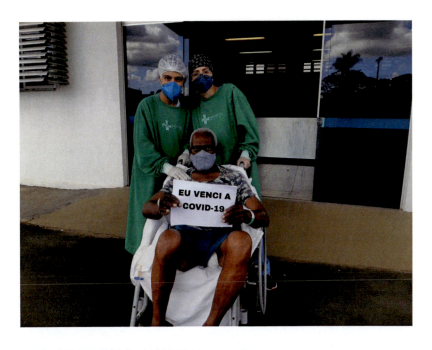

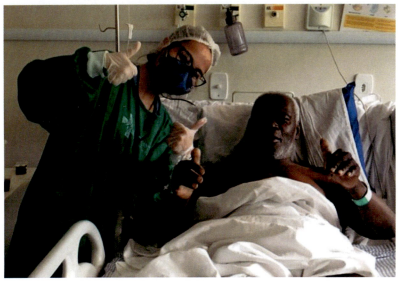

Depoimento de Milton sobre seu filho Fabrício Souza de Oliveira – Nascido em 27/04/1987 e falecido em 05/07/2021 – Faleceu aos 34 anos

O nome é Fabrício Souza de Oliveira, ele nasceu no dia 27 de abril de 1987 e faleceu no dia 5 de julho de 2021. Ele era engenheiro ambiental de formação, porém ele trabalhou em várias atividades, e quando faleceu estava trabalhando como motorista de aplicativo em Andradina, São Paulo.

Contraiu a doença no final de junho de 2021 e depois de consultados os médicos de confiança, já com exames de confirmação de Covid-19 e tomografia, que indicava a gravidade do seu quadro, fomos orientados à internação no Hospital Frei Gabriel. Como também nós, os pais, e uma das irmãs dele, grávida na época, tinham testado positivo, as informações sobre os casos eram repassadas para a sua outra irmã, Samanta, que trabalhava em Novo Horizonte na época, o que dificultava muito as decisões a serem tomadas.

Como eu e minha esposa também fomos internados, em São José do Rio Preto, as informações eram vetadas de chegarem até nós, essas internações aconteceram no final de junho de 2021. Na época eu, o pai, tinha tomado duas doses da vacina e a mãe e irmã uma dose cada, os pais pela idade e a irmã por estar grávida. Fabrício, no entanto, não tinha sido vacinado porque para sua faixa etária, 34 anos na época, ainda não tinha recebido nenhuma dose da vacina.

Ele foi internado em Frutal, no Frei Gabriel. Depois foi transferido para o hospital regional de Uberaba, alguns dias depois para UTI, e foi entubado logo em seguida. Faleceu no dia 05 de julho. Eu e minha esposa só tivemos real conhecimento da gravidade do caso dele quando recebemos alta, e nos foi possível fazer uma visita quando ele já estava inconsciente, vindo a falecer no dia seguinte.

Quanto à vacina, temos toda certeza do atraso, pois na época, nos Estados Unidos, que é muito maior do que do Brasil, parece-me que em maio de 2021 já tinha sido disponibilizada a primeira dose para toda a população, e aqui ainda demorou para começar. Concluindo, ele faleceu no dia 5 de julho, deixando os pais, duas irmãs e duas filhas de 7 e 9 anos.

A fase mais difícil foi, sem dúvida, quando viemos para casa, abandonando-o, interrompendo toda uma vida, que a gente acredita seria uma vida feliz, como ele era, e com suas filhas, que agora são privadas de um convívio intenso e amoroso, como ele tinha com elas, como todos que conviviam com ele têm conhecimento. Ele também deixou grandes amigos pelo caminho.

Esses são os rastros que essa pandemia deixou pelo mundo todo. Essa falta, ela pode ser amenizada às vezes, mas ela nunca vai ser sanada. Ele sempre vai fazer muita falta para gente, para mim, para mãe dele, para as irmãs e para as filhas. Essa falta eu acho que nunca vai ser apagada.

Depoimento de Leida sobre seu filho Alexandre Apolégio Gonçalves da Costa – Nascido em 15/09/1997 e falecido em 22/08/2021 – Faleceu aos 24 anos

Foi muito difícil recomeçar a vida. Na semana seguinte da morte dele, oito dias depois, eu já estava trabalhando na escola. Foi como eu consegui me manter de pé, trabalhando, como eu faço ainda. Só trabalho, quanto mais trabalho para mim é melhor. É só assim que eu consigo viver.

Quando chegavam em casa os finais de semana, era comum preparar o almoço mais tarde porque ele dormia. Ele chegava do trabalho de manhã, dormia e acordava mais tarde. Então a gente deixava o almoço para ser feito mais tarde para podermos almoçar juntos, e é muito difícil hoje ficar em casa aos finais de semana, porque vou fazer uma comida... preparar uma comida para quem? Só para mim? Muitas vezes eu faço. Preparo o almoço, sento-me, mas não consigo comer porque ele não está aqui.

A alimentação da minha filha, por ela ter fibrose cística, precisa ser hipercalórico e hiperproteico. Ela também precisa de mais sal na comida, então é diferente. Toda alimentação dela eu estou acostumada a fazer só para ela, mas e a minha? Que era também para ele. A gente fazia um certo controle de calorias para não prejudicar a saúde. Eu faço só para mim? Muitas vezes eu nem faço. É difícil... é difícil sentar-se na mesa e não ter aquela companhia. É muito difícil entrar no quarto do meu filho, que ele tinha sonhado em construir, e não o ver usando. Ele usou o quarto três meses apenas após construir.

Era difícil ver as roupas dele, que, inclusive, eu doei, tênis e sapatos, que ele nem tinha usado ainda. Olhava aquelas roupas e pensava que ele foi sepultado sem uma única peça de roupa, apenas com um saco preto. Isso dói, ninguém é capaz de tirar essa dor, ninguém.

A morte do meu filho jamais será superada e esquecida. Eu posso me acostumar com a ausência dele, mas eu não vou esquecer de cada detalhe de tudo que aconteceu. Quando ele chegou de manhã e disse que estava morrendo de medo, pois não decidiam quando iriam vacinar os vigias, de pegar o maldito vírus e passar para mim e para Alice, eu disse para ele: "Calma, sua vez, sua dose, vai chegar!", mas ele não se conformava. Mesmo assim ele não discutiu com ninguém. Ele era calmo, vivia para os estudos e para o trabalho.

No dia que ele me disse que estava com medo de pegar o vírus, ele começou com os sintomas. Fez o teste, deu positivo, e depois foi só aumentando os sintomas. Meu filho muito mal, eu o vi aqui muito mal e não podia fazer nada. Levei no ambulatório duas vezes, ele voltou para casa e continuou com a medicação. Na terceira vez ele já ficou internado no oxigênio. Nesse dia ele desceu do carro brincando comigo, e chegou lá dentro ele já estava cansado, foi para o oxigênio e logo foi para Uberaba. No outro dia ele já foi entubado.

Eu vi meu filho conversar, com muita dificuldade, pela última vez, por uma chamada de vídeo. E quando foi no sábado, no dia 20, na sexta-feira ainda, fui em Uberaba, visitei meu filho e senti que era despedida, que ele estava só esperando mesmo me ver, ver a irmã, o que não foi possível. No dia seguinte, sábado, eu esperei o dia todo que ele se recuperasse, esperei por notícias. Ligava no hospital o tempo todo, mas ninguém podia falar nada.

Por volta das 23h30 me veio a lembrança dele saindo de moto para trabalhar. Ele parava no portão e perguntava se no outro dia era para trazer pão para gente tomar café juntos, pois a gente sempre fazia isso. Também lembrei mandando mensagem para mim dizendo: "Precisa de pão?". Eu sempre respondia: "Sim, meu filho". Quando ele chegava em casa, dava uma buzinadinha e mandava mensagem para mim: "Mãe, segura os cachorros e abre o portão para mim", eu ia lá, segurava os cachorros e abria o portão. Então ele entrava e a gente tomava café juntos, antes de eu sair para trabalhar. Nunca esqueço cada lembrança do meu filho. Ele sonhava muito, vivia para os estudos e para trabalho, para mim e para a irmã.

Ele faleceu por volta da 1h33. Eu recebi a notícia e me pediram para levar os documentos dele ao hospital. Eu fui com a minha filha para Uberaba, dirigindo, para buscar o corpo do meu filho. E ainda falei para a médica: "Eu vou buscar o corpo do meu filho".

Cheguei, reconheci o corpo, vi terminarem de fechar aquele maldito saco preto com meu filho dentro, e trouxe ele para perto de mim. Jamais vou esquecer. Jamais vou esquecer que meu filho poderia, sim, ter tomado a vacina. Ele tinha pressão altíssima. Tinha dias que a pressão dele estava muito alta. Às vezes, ele até controlava um pouquinho, mas a maioria das vezes ele não falava nada, ele não gostava de falar que tinha pressão muito alta.

Fico muito triste por saber que meu filho poderia estar trabalhando na profissão que ele gostava, que poderia ter dado uma volta e tanto na vida, mas não conseguiu. Nunca vou esquecer do meu filho. Jamais vou esquecer que meu filho faleceu por falta de, ao menos, uma dose da vacina.

Depoimento de Grazielle sobre sua mãe Joana Maria Mariano Batista – Nascida em 13/04/1947 e falecida em 29/08/2021 – Faleceu aos 74 anos

Olá. Meu nome é Grazielle e eu sou uma das vítimas da Covid-19. Bom, a minha história é um pouco extensa. A minha mãe era conhecida como "tia Joaninha" ou Joaninha da Apae, porque por 25 anos ela trabalhou na Escola Frei Teodósio como professora. Assim que ela se aposentou ela fez um curso de técnico em enfermagem e conseguiu um emprego na Apae, onde ela trabalhou até o dia em que testou positivo para Covid-19.

A minha mãe testou positivo para Covid-19 no dia 04 de agosto de 2021 e ficou 25 dias internada na UTI. O caso dela era muito grave porque ela era uma pessoa com algumas comorbidades, como obesidade. Ela foi fumante por alguns anos antes e uma vez teve pneumonia por ser asmática. Então ela tinha algumas comorbidades, o que piorou a situação dela.

Como ela tralhava na Apae como técnica de enfermagem, ela entrou no plano do governo como prioridade para tomar vacina. A vacina que ela tomou foi a CoronaVac. Acredito que é uma vacina um pouco mais fraca, mesmo assim ainda ajudou muitas pessoas. Se o governo tivesse sido um pouco mais ágil na questão da vacina, não tivesse duvidado da efetividade das vacinas, talvez ela tivesse tomado a Pfizer ou a Jansen, ou até a AstraZeneca, mas ela tomou a CoronaVac.

Na época que ela tomou a vacina nós ficamos bem esperançosos de que nada fosse acontecer, mas foi bem complicado. Minha mãe ficou casada com meu pai um pouco mais de 50 anos e desse casamento teve três filhas: tem a minha irmã mais velha, a Leonara, eu e a mais nova, a Pricilla. Das três filhas vieram três netos, e tem sido muito difícil a nossa vida sem ela porque ela era a nossa estabilidade emocional.

Nós temos nos revezado para cuidar do meu pai, tentando por todos os meios não o deixar sozinho em nenhum momento. Estamos sempre acompanhando ele. Todo mundo precisou de um tipo de atenção porque a falta da minha mãe trouxe consequências muito graves entre os netos. O meu filho apresentou sinais de depressão e ele vem lutando contra isso. Ela era uma avó muito presente, muito participativa, muito efetiva na questão do carinho e atenção, então foi muito difícil para ele, como adolescente, lidar com essa perda.

Os meus sobrinhos, mais velhos, também tiveram sua perda emocional. O mais velho não conseguiu estudar durante o semestre e o mais novo não conseguiu fazer a prova do Enem. As minhas irmãs e eu ainda estamos trabalhando na questão de lidar com essa perda e está sendo bem difícil.

Quando ficamos sabendo que a minha mãe tinha testado positivo foi um baque para todo mundo. Fui eu quem socorreu a minha mãe. Eu fui à casa dela para ver como ela estava; era o período de aulas on-line. Eu estava dando aula e eu fui até a casa dela, porque moramos perto. Chegando lá foi uma cena muito difícil: ela estava sentada na beirada da cama, com a cabeça baixa e com muita falta de ar. Esta é uma das últimas imagens que eu tenho na minha cabeça: ela falando, com muita falta de ar, que ela não iria aguentar. "Eu vou morrer. Eu vou morrer", ela disse. Foi difícil.

E a peguei e levei-a correndo para São José do Rio Preto. Chegando lá, ela foi bem atendida e foi encaminhada direto para UTI da Covid-19. Os exames deram que ela estava com mais de 70% dos pulmões comprometidos. Ela foi internada numa quarta-feira. Na quinta-feira ela foi entubada porque caso dela era muito grave.

Nós tínhamos noção da gravidade, sabíamos que era muito sério devido às comorbidades dela, mas sempre fica naquela esperança, né? Foram 25 dias de angústia, de dificuldades, e a gente tentando ter fé e paciência, tomando conta do meu pai, mas foi muito complicado porque as notícias não eram boas.

A minha mãe pegou a Covid-19 e acabou transmitindo para o meu pai. Eu também fiquei doente, provavelmente ao socorrê-la, e passei para o meu filho. A Covid traz várias sequelas. Além da dor da perda, ela pode trazer um esquecimento, você fica frágil, seu sistema respiratório fica comprometido. Eu tive muita perda de cabelo e de memória, e ainda não me considero uma pessoa 100% curada. Nem se isso será possível, principalmente por causa da perda da minha mãe, que foi bem traumática para toda a família.

De todos os esquecimentos que a Covid me trouxe, o pior deles é não lembranças da minha mãe. As únicas coisas que eu consigo me lembrar dela é do dia que eu a socorri e das duas visitas que fiz na UTI. É como se ela tivesse sido totalmente apagada da minha vida. Eu sei que ela esteve aqui, eu vejo as fotos, mas dela eu não lembro. Eu sinto a falta, a dor da perda, mas não tenho lembranças. Por isso eu não quis vê-la no caixão. Eu fui ao hospital fazer todo o procedimento de liberação do corpo dela para a funerária, mas sem vê-la. Ver o mandatário do país tirando sarro das pessoas com Covid e imitando elas com falta de ar ainda me doem na alma.

Depoimento de Aparecida Fátima sobre seu marido José Eurípedes da Silva – Nascido em 25/09/1952 e falecido em 21/09/2020 – Faleceu aos 68 anos

Ai, minha filha, eu acho que esse negócio é muito difícil. Eu nem sei por onde começar... Seu tio estava bom, graças a Deus não tinha nada. Ele foi a Uberaba para fazer um exame. Eu não sei se ele pegou no aparelho ou se foi na ambulância, que foi daqui de Frutal. Cinco dias depois que ele foi lá, ele apareceu com Covid-19. Deus me abandonou para cuidar dele e cuidar de todas as coisas.

É muito difícil todos os dias você sentir saudade de alguém que não vai voltar. Ele era um homem novo, cheio de vida, cheio de esperança ainda. Ele morreu no dia 21 de setembro e o aniversário dele, de 69 anos, era no dia 25. Se tivesse demorado um pouquinho, mas ele podia ter falecido no dia do aniversário, e o dia do nascimento seria o dia do falecimento. Mas Deus lhe concedeu mais um dia.

Eu sei que muita gente no mundo, aqui em Frutal, passou pelas mesmas consequências que a gente passa. Eu acho que a pior coisa da vida da gente é que a gente fica. Eu perdi amigos, perdi comadres e compadres que foram todos embora com essa enfermidade. Eu vou dizer a verdade: por causa de uma vacina eu vi tanta gente, muito mais velha do que meu esposo, que tomou uma vacina, e sobreviveu, e nós, na época em que ele foi embora, não existia a vacina, ainda estavam brigando, lutando por causa de uma vacina.

A pior coisa é levantar e não ter ninguém, deitar e não ter ninguém, e saber que existe alguma pessoa responsável por isso dói no coração da gente profundamente. Se tivessem corrido atrás de tudo e de todas as coisas havia muitas pessoas salvas, muitas pessoas que poderiam estar aqui, sem terem partido da forma que partiram, sem direito de nada: direito de escolher roupa, direito de velar, direito de cuidar.

Morrer todo mundo vai morrer, mas a gente sabe que a gente tem direito de estar na presença de cada um, morto ou vivo, ali, presente, receber um abraço de um amigo, um conforto de um amigo. Do jeito que foi essa tragédia a gente não recebeu nada, recebeu só conforto de Deus. Não tivemos direito a nada, foi muito triste. Muito triste essa tragédia que aconteceu.

Eu peço a Deus pelas pessoas que não tiveram responsabilidade de cuidar do ser humano, para que eles tenham um pouquinho de compreensão agora, depois que nós perdemos tudo. Que Deus tenha misericórdia das pessoas que não cuidaram de nada, que Deus nos ilumine e nos proteja, porque se levantar de manhã cedo, chegar de tarde e não ter ninguém dentro de casa é muito difícil. É muito triste esperar uma pessoa que não vai chegar nunca mais; ver os filhos, os netos, você vê todo mundo e sabe que o coraçãozinho de cada um está doendo por uma irresponsabilidade. Mas que Deus nos abençoe e nos proteja!

Eu não acredito que até hoje uma pessoa que perdeu alguém nessa forma esteja vivendo uma vida normal. Não está! Ela respira o ar que ela tem que respirar, vive porque tem que viver, acorda de manhã cedo com a claridade do dia, mas a vida não é a mesma. Se nós enterramos uma pessoa normalmente, todos os amigos estão ali, todos os familiares estão ali. Parece que a conformidade de que eu enterrei meus familiares vem rapidinho, mas você ver um caixote entrar dentro do buraco, você fica procurando a vida inteira onde está fulano, que horas vai chegar... Você escuta o barulho do portão abrindo, dos passos dentro de casa, porque você não viu a pessoa, você não viu a morte, você não cuidou, você não arrumou uma roupa, você não arrumou nada, você não escolheu nada. Eu espero que todas as pessoas que passaram pelo que eu passei, que nosso Senhor Jesus abençoe cada um!

Ele deixou uma esposa, cinco netos, dois filhos e um bisneto. Era um homem tranquilo, sossegado... um homem exemplar, de família, de trabalho. Trabalhou honestamente, criou uma família, viveu a vida, para ir embora de repente, sem direito de um filho, um neto, nem da esposa, chegar perto dele. Ele foi embora de repente, só viu aquele "trem" entrar e sumiu. Não é fácil não. Mas Deus abençoa todas as famílias do mundo inteiro que passaram por isso. Nosso Senhor Jesus Cristo há de confortar o coração de cada um!

Para ajudar a gente finge que vive bem, mas a gente vive bem nada, a gente só tem fingimento. Se a vida nunca foi feita de fingimento, depois dessa tragédia a gente passa a viver de fingimento. Finge que está bem, finge que está alegre, finge que tudo passou.

A morte não tem hora marcada, ela não dá o dia de ela chegar, mas uma morte normal, que chega, pega a gente e leva a gente embora, todo mundo tem. Eu perdi pai, mãe, sogro e fiquei tranquila porque era uma morte normal, que você vela, que você cuida, que você estava pronto para servir eles. Uma morte daquela pessoa que você cuida e ela cuida de você, e uma morte do jeito que foi, a gente não vive.

Meu marido tinha vários amigos e não teve direito de receber um amigo. Trabalhou numa empresa trinta e tantos anos e não recebeu nenhum colega de serviço no sepultamento. É muito triste. Eu espero que nosso senhor Jesus Cristo abençoe essas pessoas que não tiveram respeito pela vida do ser humano, que um dia reconheçam e percebam o que fizeram, o que ignoraram e o que deixaram de ignorar. Que Deus tenha piedade.

Eu sinto muita saudade, muita tristeza, muita agonia de saber que a pessoa que vivia do meu lado, que eu cuidava e ele cuidava de mim, foi embora para sempre, sem direito de eu ver o rosto, sem direito de eu escolher uma roupa, sem direito de um amigo, sem direito de nada. É muito triste. Só as pessoas que passaram por isso é que sabem o quanto é triste essa dor, essa mágoa, esse sentimento. Essa tristeza não tem remédio que cura, não tem nada que cura essa tristeza, essa dor, esse sentimento. A pessoa vai embora e você não tem nem o direito de chegar perto. É muito triste. Que Deus abençoe todas as famílias que passaram pelo que eu passei.

O meu marido durou só 12 dias. Ele nasceu no dia 25 de setembro de 1962, e quando faltavam quatro dias para ele fazer 69 anos, ele foi embora, cheio de vida, cheio de saúde e de esperança, deixando uma esposa, cinco netos e um bisneto, que era a paixão da vida dele. Até hoje o bisneto chega aqui em casa e procura por ele. Não é fácil não. Só Jesus Cristo.

Nem ter direito de velar o nosso ente querido, uma pessoa que viveu com você a vida inteira, quando chega no último momento, você não tem direito de velar, você não tem direito de escolher uma roupa, você não tem direito de fazer nada. É só levar e socar dentro do buraco, sem um amigo, sem um parente, sem nada. As pessoas que comparecem no sepultamento de um parente é um parente que ama de verdade. Igual eu vi do meu marido, são parentes que amou, adorou a vida inteira, como uma família.

Você vê só... As pessoas morriam dentro de 10 a 15 dias, um mês, trinta dias sofrendo entubado. Não tinha hospital, não tinha socorro, não tinha médico, não tinha nada. Meu marido morreu em doze dias. Pegou Covid-19 e morreu em doze dias. O coração da gente dói, revolta, de escutar uma pessoa, que podia cuidar de nós com amor, com carinho, mesmo que isso fosse uma pandemia, que fosse uma coisa que destruir o mundo... escutar os outros imitando as pessoas com falta de ar no hospital, isso dá muita dor no coração da gente, e saber que a gente tinha direito!

Quantas pessoas foram salvas depois que vacinaram, quantas pessoas tiveram proteção, foram para os hospitais, ficaram em casa depois da vacina. Não precisava ter morrido tanta gente do jeito que morreu, tantas famílias desamparadas do jeito que ficaram. Não precisava tanta gente sofrer do jeito que sofreu por causa de apenas uma liberação de vacina. É muito difícil olhar e pensar que poderíamos estar todos juntos e agora não estamos por causa de uma liberação de vacina. Até hoje, parece que o bisneto dele entra aqui e vê a imagem dele, pois ele vai falando: "O vovô tá aqui". É muito difícil você viver uma vida dessa.

Mas o sentimento maior que eu tenho de tudo é de pensar que a Covid-19 começou em março e ele morreu em setembro, e a gente não teve nenhuma solução de uma vacina. Quantas pessoas vacinaram, foram salvas pela vacina, e a gente viveu sem uma vacinação. A gente se protegia, ficava casa, sem direito a nada, sem direito de ir ao mercado, sem direito de ir ao banco, sem direito a nada. Quantas pessoas morreram sem direito a nada? Hoje, a gente vê isso, a gente sente, lá no fundo da alma, do coração, saber que tinha alguém que podia administrar tudo e aplicar uma vacina rapidamente para minimizar a situação.

A dor é grande, de conviver com uma pessoa tantos anos, e então chega a hora da partida dela para o outro lado, que a gente sabe que lá do outro lado é outra vida, não é a vida que vive aqui, não precisa de nada, de trabalhar ou de dinheiro, nem de nada, é outra vida, que vive lá do outro lado, e a saudade para quem fica é muito difícil. Eu sei que aqui em Frutal muita gente passou pela mesma dor que a gente passou, pelo mesmo amor que a gente viveu, pela mesma tristeza que a gente passou, e a gente vai vivendo porque ele era um homem muito trabalhador, muito honesto, muito correto com as coisas dele.

Depoimento de Sandra sobre sua mãe Maria Aparecida Elias Lopes – Nascida em 03/08/1951 e falecida em 22/08/2021 – Faleceu aos 70 anos

Meu nome é Sandra Lopes da Silva. Sou filha de Maria Aparecida Elias Lopes. Ela nasceu no dia 03/08/1951 e faleceu no dia 22/08/2021. Ela tinha duas filhas, inclusive uma já é falecida, e ficou só eu. Mas ela adotou três quando eram crianças. As três são casadas, e são minhas irmãs de criação. Então são duas filhas, quatro netas e sete bisnetos um que está a caminho.

A minha mãe tomou as duas primeiras doses da vacina, mas como ela tinha muitas comorbidades, eu sempre falava para ela: "Mãe, cuidado por conta dessas comorbidades. Cuida da senhora e tal. Se a senhora pegar, né...". Ela tinha problema renal, tinha pressão alta, estava um pouco obesa, era ex-fumante. Sim, ela teve filhas legítimas, eu e minha irmã, só que a minha irmã faleceu de câncer em 2017. E ela adotou três crianças quando elas eram novinhas, que cresceram com a gente. Inclusive, duas são primas dela. A mãe delas não tinha condição e minha mãe pegou para criar. Minha mãe já era casada, então pegou as três para criar.

É o seguinte... se a vacina tivesse vindo antes eu acho que a morte dela poderia ter adiado um pouco, né? Apesar de eu não me conformar com a morte de jeito nenhum, de não aceitar a morte, quando é o dia da pessoa, ela vai embora. Mas eu não sei te falar de verdade se a morte dele poderia ter sido adiada.

Ela internou aqui em Frutal, mas foi transferida para Uberaba. Como ela tinha um convênio da polícia do meu pai, então o pessoal de Uberaba veio buscá-la de ambulância para levar para lá. Aqui não tinha tantos recursos como lá. Precisava fazer aqueles exames mais específicos, depois fazer a entubação. Mas ela saiu andando da casa dela. Eu me arrependo muito porque na hora de sair da casa dela, ela falou: "Minha filha, me dá um abraço?", e eu falei: "Mãe, não vou te dar um abraço". Seu soubesse eu tinha dado esse último abraço da minha mãe. Para mim, ela saiu já querendo se despedir, mas a gente não pensa nisso. Como a Covid estava muito no auge, a gente estava com medo de tudo. Minha netinha era novinha... então foi muito difícil.

E, assim, ela foi para Uberaba de boa. Tem foto dela dando tchau. Ela foi no oxigênio, conversando e tudo. Quando chegou em Uberaba ela dizia que não ia se internar, que não precisava, nem levar para UTI, nem entubar, nem nada, mas a pressão dela subiu muito, ela ficou nervosa, aí teve que levar para UTI e entubar, enquanto meu sobrinho assinava os papéis para ela entrar na enfermaria. Então o pessoal chegou e falou que ela tinha começado a passar mal, que a saturação tinha caído muito, então iam levar para entubar. Eu falei para o meu sobrinho que não era para deixar minha mãe ser entubada, porque daí ela não ia mais voltar. Enfim, coisa de filho que se desespera, né?

Ela foi para Uberaba na sexta-feira à tarde e estava bem, na medida do possível. No sábado, ela até deu uma melhorada, mas aí começou a paralisar tudo. Eles iam entrar com a hemodiálise, mas no domingo, à tardezinha, avisaram ela tinha falecido. Então eu falo que ela não sofreu muito. Claro que sofreu, mas foi muito breve. Não ficou um mês entubada, como muita gente, então acho que até nisso Deus ajudou, para que ela não sofresse tanto, e a gente também não, né?

Mas eu não me conformo, eu não dou conta, a pior coisa da vida é perder uma mãe, né? Agora eu sou uma pessoa sozinha. Eu não tenho mais meu pai, que morreu há muitos anos. Eu saí de casa para morar com o meu segundo namorado. A gente ficou junto uns seis anos, e ele morreu em 2016, de câncer.

E Deus me dá tanta força e eu não entrei numa depressão muito grande, pois eu não tenho nada para trás. Mas eu acho que a morte dela não veio antes do tempo, nem nada. Eu acho que era o dia dela, infelizmente. E foram muitas pessoas, né? E apesar de ela não sair muito de casa, ela tinha muitas amizades, as pessoas gostavam muito dela. Sempre que tinha uma comemoração, eu mesmo organizava na casa dela, porque nem na minha casa ela ia. Então eu organizava tudo na casa dela.

Graças a Deus ela era uma pessoa muito especial, então as pessoas gostavam de conversar com ela. Ela era meio que uma psicóloga, mas era só do lar mesmo. Como ela era muito querida, ela faz falta na vida de muita gente.

Depoimento de Rosilane das Dores Reis Gaspar sobre seu esposo Marcos Antônio Gaspar – Nascido em 1962 e falecido em 19/05/2021 – Falecido aos 59 anos

Eu, Rosimere Ferreira Diniz, estou aqui com dona Rosilane das Dores Reis Gaspar, esposa do seu Marcos Antônio Gaspar, nascido em 1962 e falecido no dia 19 de maio de 2021. Ele deixou três filhos e a mãe. Ele adquiriu Covid-19, começou a sentir os sintomas, procurou ajuda e foi hospitalizado. Ele ficou internado dez dias e, então, foi entubado. Ele não tinha tomado nenhuma vacina, pois na época o município ainda não tinha recebido as vacinas. A mãe dele também foi infectada e ficou hospitalizada no mesmo período que ele. Porém, graças a Deus, a mãe dele venceu a Covid-19. Hoje ela está com 83 anos.

Como disse a dona Rosilane, ele era uma pessoa que tinha muitas amizades, que gostava muito de lazer, sempre com muitos amigos. Ele foi uma pessoa muito querida e deixou uma grande tristeza. Ela disse que não imaginava que a pandemia chegaria tão perto. Ela acreditava na pandemia, mas não que chegaria neles.

Perguntei a ela se ela achava que se a vacina tivesse chegado antes ela ainda estaria com ele e ela disse sim, que acredita que com a vacina ela ainda teria o marido presente. Então perguntei-lhe o que mais a tinha machucado na pandemia e ela respondeu que foi a tristeza por ele ter ido embora muito novo. Ela comentou que ela sentia uma profunda tristeza, uma dor enorme, e que ela não queria que ninguém passasse por essa dor. E disse também que como a Covid-19 não tinha ido embora totalmente, que ela ainda sentia medo a todo instante.

Eu quero deixar aqui registrado que ele foi um grande amigo para todo mundo. Tínhamos uma turma que se reunia aos finais de semana para rir, comer um franguinho caipira... deixo, então, meus sinceros sentimentos por ele, uma pessoa tão querida por todos nós e que foi embora tão cedo. Ele deixou três filhos: a mais velha com 35 anos, a do meio com 30 anos e a caçula, de 14 anos.

A parte mais difícil para ela foi no décimo dia, quando ligaram do hospital para chamar a família para ir vê-lo e para avisar que ele seria entubado. Foi muito constrangedor vestir aquelas roupas nele, muito tristeza, né? Chegar lá, ele sempre com boa aparência, estava esperando vaga numa cidade próxima, Patos de Minas porque Frutal não tinha leito de UTI na época. Esse momento foi muito triste.

Isso foi por volta meio-dia, mais ou menos, e foi a última vez que ela o viu. Ela se lembrava bem desse momento, pois no mesmo dia, um pouco depois da meia-noite, uma hora mais ou menos, ele chegou a ser transferido para Patos de Minas, ficou uma hora lá e faleceu. Essa foi uma grande tristeza para nós porque tínhamos esperança de que ele voltaria com vida.

Depoimento de Leida Adriana Apolégio Sobrinho

Em 08/04/2023 vivi uma das experiências mais intrigantes da minha vida. Nunca duvide das suas percepções, das suas emoções e, principalmente, daquilo que ninguém jamais conseguiu explicar!" – Leida Adriana Apolégio Sobrinho, sobre a primeira carta recebida durante uma sessão de psicografia, no Centro Espírita Irmã Sheila em Frutal/MG.

Depois da morte, ou, segundo o espiritismo kardecista, do desencarne do Alexandre, os sentimentos foram os mais variados: saudade, solidão, revolta, tristeza, lembranças dos momentos felizes e inesquecíveis com meu filho... Eu tinha realmente perdido a esperança de tudo na minha vida. Voltei ao trabalho para não sentir dor. Enquanto estava ocupada no meu trabalho, era como se fosse um remédio para aquela dor que eu sentia. Claro que ainda sinto.

Até que um dia, uma colega/amiga de trabalho, Sonia Ribeiro, disse-me que havia essas cartas psicografadas, que é uma esperança na vida de quem acredita, e até mesmo de quem duvida, que são consoladoras de verdade, e me fez um convite e eu fiquei pensando: "Vou ou não?". Decidi ir. Chamei minha filha e fomos ao Centro Espírita Kardecista Irmã Sheila. Foi uma tarde incrível!

Lá, a cada palavra ouvida eu chorava cada vez mais. Chorei muito! Para minha surpresa, a terceira carta lida foi a do Alexandre. Nessa carta, ele fala de coisas de que só eu sabia e não tinha comentado nem mesmo com a minha filha. Ninguém sabia de alguns detalhes que consta nela! Ele fala que não houve erro médico, que ele teve tudo que precisava. Após sua morte houve alguns comentários pela cidade, inclusive de pessoas que eu julgava serem esclarecidas, de que "ele não teria recebido atendimento adequado no Hospital Frei Gabriel", o que não é verdade, e que "teriam até receitado os remédios errados". Isso não aconteceu.

Ele foi muito bem atendido no Hospital Frei Gabriel, com o maior carinho do mundo. Foi recebido por médicos muito atenciosos, inclusive por uma médica, a primeira que o recebeu e pela qual tenho um carinho muito grande, a Marcela Maia. Vi essa menina crescer e se tornar uma excelente profissional na área da saúde, conheço a família dela, e tenho muito respeito e gratidão.

Das outras vezes que ele retornou ao hospital ele foi muito bem atendido por outros médicos também. Foram muito educados, muito atenciosos comigo, e o atendimento ali não foi só para ele, foi comigo e com a Alice, minha filha. Ele foi transferido para Uberaba e lá recebeu um atendimento muito bom, excelente! Infelizmente, a nossa medicina ainda não tinha recursos suficientes para driblar um vírus tão perigoso, mas não houve um erro médico, ele mesmo diz na carta. O que houve foi a falta da vacina no momento exato. Ele ainda diz na carta que ele partiu para outra vida, que ele desencarnou na hora certa. Foi na hora certa.

Essa carta me ajudou como se fosse um profissional da psicologia, da psiquiatria, fez o mesmo efeito de um "remédio" que eu precisava no momento certo. Voltei a ter um pouco de esperança, um pouco de vontade de trabalhar, de continuar a minha vida.

Ele disse também que era para cuidar do que era dele, pois é tudo meu agora. Ele era muito organizado! O Alexandre era o que eu sempre dizia, "o senhor organizadinho". Tudo dele tinha que ser exatamente perfeito, tinha que ter ali os detalhes muito bem cuidados. Ele era extremamente perfeccionista. Talvez tivesse essa mania de perfeição por ter sido criado sozinho comigo até os 10 anos, e depois veio a irmã Alice.

Comecei a pensar nisso também, a organizar minha vida de uma forma que, enquanto eu estiver viva, preciso ser feliz. Preciso retomar a minha caminhada. Quando chegar a hora do meu desencarne, da minha morte, tudo bem, vai acontecer. Quando for a vez da minha filha será da mesma forma.

Outro detalhe que quero chamar atenção foi que ele falou para que eu continuasse estudando. Ele sabe que gosto de estudar, que sou curiosa e gosto de aprender de tudo um pouquinho. Mas tem um ponto que nem ele sabia: eu tinha parado com minha outra faculdade, tinha abandonado, e depois de receber essa carta eu voltei, segui o conselho dele, porque eu também gosto. E não só por vaidade querer ter mais um diploma, é porque amo estudar. Claro que ainda encontro algumas dificuldades na concentração nos estudos, tristeza, desânimo...

Também tem aquele detalhe no final da carta, de algumas coisas que ninguém sabia. Conversávamos muito e ele desenhava estrelinhas embaixo da sua assinatura para mim. Nas últimas vezes que trocamos mensagens pelo WhatsApp, durante uma noite em que estava trabalhando, ele mandou uma mensagem de madrugada falando assim: "Mãe, sai lá fora e olha a Lua! Olha as estrelas como estão hoje". Levantei-me da cama e saí naquele frio para olhar o céu e as estrelas. Foi o último desenho que ele fez para mim. Ele estava no trabalho. É o desenho de uma árvore, a Lua e uma cordinha amarrada a ela, segurando-a, e ele disse assim: "Minha única companhia hoje! Estou sozinho aqui. É minha única companhia hoje, a Lua". Inclusive, coloquei esse desenho e um trecho de uma música que ele adorava, mas não falava para ninguém, e que sabia ele que eu também amo, que é "Girassol", do Cidade Negra. É emocionante!

Depois dessa carta recebi outra recentemente. Ele diz que está feliz, que conquistou a liberdade em todos os sentidos, que está bem, que me ama muito, que o meu amor será sempre eterno e que meu amor por ele sempre o traz de volta. E um detalhe interessante nessa segunda carta é um desenho de um bolo de chocolate, que tirei só um pedaço. Esse bolo foi na semana em que ele estava doente, nas últimas horas que ele estava em casa ainda, e pediu que eu fosse ao supermercado JB e comprasse.

Tirei fotos dos bolos que tinham lá, enviei pelo WhatsApp e ele disse: "Pega um que a senhora e a Alice gostam também! De chocolate". Ainda fiz um comentário: "Nossa, filho! Está tudo tão caro!". E ele: "Traz esse mais caro mesmo". Então comprei esse bolo. Cortei um pedaço para ele e, infelizmente, ele não conseguiu comer, disse que estava exageradamente doce. Até dividi esse bolo com as crianças da vizinhança. Ninguém sabia disso. E naquele dia das cartas consoladoras, eu estava tomando café da manhã e me lembrei desse detalhe. Não comentei com ninguém, e quando cheguei lá no centro, a carta veio com o desenho desse bolo de chocolate, que tirei aquele pedaço.

Cada carta que recebo me ajuda a pensar que vou ter sempre a companhia dele. Inclusive, muitas vezes, estou aqui em casa, paro tudo que estou fazendo e consigo ver a imagem dele, sentado perto de mim, conversando comigo. Alguns assuntos eu respondo, algumas coisas pergunto a ele. Converso como se ele estivesse aqui, ao meu lado. Em alguns objetos que guardo como lembrança parece que sinto o cheiro do perfume dele aqui, pertinho de mim. Aquele cheiro gostoso dele.

Eu não fazia ideia de quantas pessoas conheciam o meu filho e gostavam tanto dele. O mais emocionante foi a formatura da turma do curso de Pedagogia. Essa turma me deu uma alegria tão grande que não consegui controlar não o choro. Foi uma das maiores emoções da minha vida e da minha filha. Apesar de ela ser "caladinha", não conseguir falar, ela ficou muito emocionada e agradeceu do jeito dela, porque, para ela, a pessoa mais importante era o irmão.

Isso vou guardar para a vida toda, o carinho daquelas pessoas, ali, fazendo aquelas homenagens para o meu filho. Jamais esquecerei. Professores, diretores e todas as pessoas envolvidas, nem imaginam a emoção que é ver o seu filho, que já se foi, ser homenageado, não ser esquecido. Ninguém imagina o tamanho dessa emoção.

Você, Rosimeire, obrigada! Obrigada mesmo por eternizar essa lembrança do meu filho. Que Deus te abençoe demais. Que você seja sempre uma profissional brilhante e consiga levar o seu trabalho a uma distância inimaginável. E obrigada a Deus por me dar tanta força para eu continuar vivendo! Vou continuar trabalhando cada vez mais para a educação. Vou trabalhar cada vez mais para levar conforto a outras mães que também perderam seus filhos.

Não tenho religião, mas tenho uma crença pessoal. Acredito que ninguém vai embora totalmente deste mundo. Ninguém deixa esta vida sem deixar alguma coisa. Somos feitos de energia e ela continua neste mesmo planeta. O mundo passa por tantas transformações e acredito que a Ciência é a base de tudo. Deus, para mim, está na natureza, está em cada sentimento, está em cada ser vivo, em cada grão de poeira que existe no Universo. É nisso que acredito. Obrigada por tudo.

Com fé, a gente chega lá – Fátima Leão

Esvaziaram as ruas
As praças, os bares
Lotaram hospitais

Encheram os mares de medo
E somos um barco
Sem rumo e sem cais

Eu vi o mundo tão crítico
Com medo do futuro
E só Deus na defesa

Quem tinha casa se trancava
Quem não tinha
Esperava pela natureza

Anjos de branco curando
E anônimos botando
O pão na sua mesa

Lererê, larará
Com fé, a gente chega lá
Lererê, larará
Eu sei que Deus vai ajudar

Eu vejo o Sol, da janela
E do celular vejo
A foto da Lua

Da sacada do meu prédio
Posso ver os meus netos
Do outro lado da rua

Meu Deus, o que tão fazendo?
Só tem mascarado
E gente que chora

Eu acredito na cura
Tenho fé em Deus
E em Nossa Senhora

Lá do céu veio o socorro
Adeus, com seu fogo
Manda o vírus embora

Lererê, larará
Com fé, a gente chega lá
Lererê, larará
Eu sei que Deus vai ajudar

Briga de cachorro grande
Para ver quem é caça
E quem é caçador

Uns tentando proteger
E os filhos da mãe
Tocando o terror

Gente, tirando proveito
Com tal desrespeito
Dos seres humanos

Por mais que o homem se acha
Deus passa a borracha
E impõe os seus planos

Avisa lá para o estrangeiro
Que Deus é brasileiro
Isso, eu não me engano

Lererê, larará
Com fé, a gente chega lá
Lererê, larará
Eu sei que Deus vai ajudar

Lererê, larará
Com fé, a gente chega lá
Lererê, larará
Eu sei que Deus vai ajudar

Lererê, larará
Com fé, a gente chega lá
Lererê, larará
Eu sei que Deus vai ajudar

Questionário sobre a Covid-19

Respostas de José Luiz de Paula e Silva – professor

1. Em que momento você percebeu que a educação também estava sendo afetada pela Covid-19?

Durante as aulas remotas.

2. Qual foi o impacto causado pelo confinamento na educação?

O distanciamento entre alunos e professores causou prejuízos na aprendizagem.

3. Houve mudança no comportamento dos alunos no pós-pandemia?

Chegaram um pouco desmotivados.

4. Qual foi a maior dificuldade como professor no lockdown? A escola auxiliava com materiais?

Os professores precisavam ministrar aulas usando seus próprios equipamentos, com despesas também de internet e energia elétrica. As escolas não ajudavam com materiais.

5. Houve apoio de outros profissionais da educação durante o lockdown?

Sim. Dos profissionais da escola.

6. Após a Covid-19, quais pontos merecem atenção e melhoria nas escolas? Foi possível fazer essa análise?

Melhor acesso às tecnologias e uma educação voltada a atender as prerrogativas do mundo moderno, voltada para a aprendizagem significativa, não apenas para aprovação.

7. As famílias estiveram mais presentes durante o processo de lockdown e estão mais presentes atualmente? Houve mudanças no relacionamento escola e família?

As famílias, de alguma forma, aproximaram-se mais das escolas por meio dos recursos eletrônicos, como aplicativos de mensagens e outros, tornando a comunicação mais objetiva e eficaz.

8. Qual foi a experiência mais marcante que você vivenciou com a Covid-19 e a educação?

O avanço no uso das tecnologias, o que não pode ser esquecido, e o abandono no período pós-pandemia.

Respostas de Maria Inês Pereira Jesus – professora

1. Em que momento você percebeu que a educação também estava sendo afetada pela Covid-19?

Desde que começaram as aulas remotas.

2. Qual foi o impacto causado pelo lockdown na educação?

Alunos desinteressados, pais ausentes nas atividades enviadas aos alunos.

3. Houve mudança no comportamento dos alunos no pós-pandemia?

Sim, os alunos se acostumaram com a flexibilidade, por parte da escola, em relação às atividades, e alguns alunos voltaram com grande defasagem no aprendizado e não estão conseguindo acompanhar as aulas, dificultando o avanço em seu conhecimento.

4. Qual foi a maior dificuldade como professora no lockdown? A escola auxiliava com materiais?

No início era tudo muito novo, aulas no Meet, no WhatsApp e no Telegram. Excesso de trabalho e pouco retorno dos alunos. Internet ruim. A escola não me auxiliou com materiais.

5. Houve apoio de outros profissionais da educação durante o lockdown?

Sim, auxílio em como trabalhar no Google Drive na sala de aula.

6. Após a Covid-19, quais pontos merecem atenção e melhoria nas escolas? Foi possível fazer essa análise?

Precisa de pessoas para trabalhar o reforço.

7. As famílias estiveram mais presentes durante o processo de lockdown e estão mais presentes atualmente? Houve mudanças no relacionamento escola e família?

Acredito que alguns pais sim, mas a grande maioria não.

8. Qual foi a experiência mais marcante que você vivenciou com a Covid-19 e a educação?

Ter familiares doentes, conviver com a perda de familiares e ser forte para abrir o Meet e saber que os alunos também estavam passando por situação igual à minha.

Respostas de Maria Cecília Marchi Borges – prefeita na época

1. Qual foi a maior dificuldade durante a pandemia em sua gestão?

A maior aflição foi com a Saúde. Estrutura de médicos, enfermeiros, medicamentos e exames complementares. Tudo novo e muito complexo para os profissionais.

2. Qual foi a experiência mais marcante que você vivenciou com a Covid-19?

A preocupação com a vida das pessoas e o país parado. Pessoas precisando trabalhar e ter que obedecer a determinação do MP de não abrir nada, a não ser farmácias, postos gasolina e supermercados.

3. Qual foi o impacto causado pelo confinamento em sua vida?

O lockdown causou depressão, ansiedade e outros transtornos na vida das famílias brasileiras e do mundo. Infelizmente, a demora na compra das vacinas nos deixou aflitos e a única alternativa era o isolamento.

4. Após a Covid-19, quais pontos merecem atenção e melhoria? Foi possível fazer essa análise?

A Covid-19 mata e, infelizmente, naquele momento tivemos um presidente negacionista, que não deu importância à gravidade da pandemia. Hoje, depois de 70% da população vacinada, retornamos à normalidade. A vacina salva vidas e a prevenção é o melhor caminho. Devemos respeitar e agradecer nossos cientistas, professores, médicos, enfermeiros, técnicos de enfermagem, fisioterapeutas, psicólogos, técnicos de raio-x, enfim, todos que colocaram a vida em risco para salvar a do próximo.

Respostas de Marília Gonçalves Martins – secretária de Saúde na época

1. Em que momento você percebeu que a Covid-19 estava se tornando uma pandemia?
Em março de 2020.

2. Qual foi o impacto causado pelo lockdown em sua vida pessoal?
Maior busca por informação verdadeira.

3. Houve mudança em seu comportamento no pós-pandemia?
Sim. Adoção de medidas de higiene mais frequentes no dia a dia.

4. Qual foi a maior dificuldade no lockdown?
Insegurança hospitalar.

5. Houve apoio de outros profissionais da Saúde durante o lockdown?
Da enfermagem.

6. Após a Covid-19, quais pontos merecem atenção e melhoria? Foi possível fazer essa análise?
Campanha de vacinação x notícias falsas.

7. Qual foi a experiência mais marcante que você vivenciou com a Covid-19 e a saúde?
Perda de entes queridos.

Referências

BRASIL. Ministério da Saúde. Centro de Operações de Emergências em Saúde Pública COE-Covid-19. Plano de contingência nacional para infecção humana pelo novo coronavírus Covid-19. Brasília (DF): Ministério da Saúde, 2020. 24 p. Disponível em: https://portalarquivos2.saude.gov.br/images/pdf/2020/fevereiro/13/plano-contingencia-coronavirus-COVID19.pdf. Acesso em: 14 jul. 2024.

BRASIL. Ministério da Saúde. Portaria MS/GM n.º 188, de 3 de fevereiro de 2020. Declara Emergência em Saúde Pública de importância Nacional (ESPIN) em decorrência da Infecção Humana pelo novo Coronavírus (2019-nCoV). *Diário Oficial da União*, Brasília (DF), 4 fev. 2020. Disponível em: http://www.in.gov.br/web/dou/-/portaria-n-188-de-3-de-fevereiro-de-2020-241408388. Acesso em: 14 jul. 2024.

BRASIL. Ministério da Saúde. Secretaria de Vigilância em Saúde. Infecção humana pelo novo coronavírus (2019-nCoV). *Boletim Epidemiológico*, São Paulo, COE 1, p. 1-17, jan. 2020. Disponível em: https://www.saude.gov.br/images/pdf/2020/fevereiro/04/Boletim-epidemiologico-SVS-04fev20.pdf. Acesso em: 14 jul. 2024.

BRASIL. Ministério da Saúde. Secretaria de Vigilância em Saúde. Infecção humana pelo novo coronavírus (2019-nCoV): errata. *Boletim Epidemiológico*, São Paulo. COE 2, p. 1-23, fev. 2020. Disponível em: https://www.saude.gov.br/images/pdf/2020/marco/24/03--ERRATA---Boletim-Epidemiologico-05.pdf. Acesso em: 14 jul. 2024.

BRASIL. Ministério da Saúde. Secretaria de Vigilância em Saúde. Doença pelo coronavírus 2019: ampliação da vigilância, medidas não farmacológicas e descentralização do diagnóstico laboratorial. *Boletim Epidemiológico*, São Paulo, v. 5, p. 1-11. Disponível em: https://portalarquivos2.saude.gov.br/images/pdf/2020/fevereiro/13/Boletim-epidemiologico-COEcorona-SVS-13fev20.pdf. Acesso em: 14 jul. 2024.

BRASIL. Ministério da Saúde. *Ministério da Saúde lança canal para atender população no WhatsApp*. Brasília (DF): Ministério da Saúde, 2020. Disponível em: https://www.saude.gov.br/noticias/agencia-saude/46607-ministerio-da-saude-lanca-canal-para-atender-populacao-no-whatsapp. Acesso em: 14 jul. 2024.

BRASIL. Ministério da Saúde. *Assessoria de imprensa atende em regime de plantão*. Brasília (DF): Ministério da Saúde, 2020. Disponível em: https://www.saude.gov.br/noticias/agencia-saude/46564-assessoria-de-imprensa-atende-em-regime-de-plantao-70. Acesso em: 14 jul. 2024.

BRASIL. Ministério da Saúde. *Máscaras caseiras podem ajudar na prevenção contra o coronavírus*. Brasília (DF): Ministério da Saúde, 2020. Disponível em: https://www.saude.gov.br/noticias/agencia-saude/46645-mascaras-caseiras-podem-ajudar-na-prevencao-contra-o-coronavirus. Acesso em: 14 jul. 2024.

BRASIL. Ministério da Saúde. *Ministério da Saúde declara transmissão comunitária nacional*. Brasília (DF): Ministério da Saúde, 2020. Disponível em: https://www.saude.gov.br/noticias/agencia-saude/46568-ministerio-da-saude-declara-transmissao-comunitaria-nacional. Acesso em: 14 jul. 2024.

BRASIL. Ministério da Saúde. Secretaria de Vigilância em Saúde. Especial: doença pelo coronavírus 2019. *Boletim Epidemiológico*, São Paulo. especial, p. 1-28, abr. 2020. Disponível em: https://portalarquivos.saude.gov.br/images/pdf/2020/April/06/2020-04-06-BE7-Boletim-Especial-do-COE-Atualizacao-da-Avaliacao-de-Risco.pdf. Acesso em: 14 jul. 2024.

BRASIL. Ministério da Saúde. *Portaria MS/GM n.º 356, de 11 de março de 2020*. Dispõe sobre a regulamentação e operacionalização do disposto na Lei nº 13.979, de 6 de fevereiro de 2020, que estabelece as medidas para enfrentamento da emergência de saúde pública de importância internacional decorrente do coronavírus (Covid-19). Diário Oficial da União, Brasília (DF), seção 1, p. 185, 12 mar. 2020. Disponível em: http://www.in.gov.br/web/dou/-/portaria-n-356-de-11-de-marco-de-2020-247538346. Acesso em: 14 jul. 2024.

BRASIL. Ministério da Saúde. *Coronavírus, Covid-19*: fast-track para a atenção primária em locais com transmissão comunitária, fluxo rápido. Brasília (DF): Ministério da Saúde, 2020. Disponível em: https://portalarquivos.saude.gov.br/images/pdf/2020/marco/30/20200330-FAST-TRACK-ver-06-verFinal.pdf. Acesso em: 14 jul. 2024.

BRASIL. Ministério da Saúde. *Alunos da área de saúde poderão ajudar no combate ao coronavírus*. Brasília (DF): Ministério da Saúde, 2020. Disponível em: http://www.saude.gov.br/noticias/46636-alunos-da-area-de-saude-poderao-ajudar-no-combate-ao-coronavirus. Acesso em: 14 jul. 2024.

BRASIL. Ministério da Saúde. *Alunos da área de saúde poderão ajudar no combate ao coronavírus*. Brasília (DF): Ministério da Saúde, 2020. Disponível em: https://www.saude.gov.br/noticias/46636- alunos-da-area-de-saude--poderao-ajudar-no- coronavirus. Acesso em: 14 jul. 2024.

BRASIL. Ministério da Saúde. *Saúde destina mais R$ 600 mi para ações de combate à pandemia*. Brasília (DF): Ministério da Saúde, 2020. Disponível em: https://www.saude.gov.br/noticias/ agencia-saude/46602-saude-destina-mais-r- 600-mi-para-acoes-de-combate-a-pandemia. Acesso em: 14 jul. 2024.

BRASIL. Ministério da Saúde. *Saúde amplia testes para profissionais de saúde e segurança*. Brasília (DF): Ministério da Saúde, 2020. Disponível em: https://www.saude.gov.br/noticias/ agencia-saude/46596-saude-amplia-testes-para-profissionais-de- saude-e-seguranca. Acesso em: 14 jul. 2024.

BRASIL. Ministério da Saúde. *TeleSUS fará busca ativa de informações sobre coronavírus*. Brasília (DF): Ministério da Saúde, 2020. Disponível em: https://www.saude.gov.br/ noticias/agencia-saude/46633-ministerio-da- saude-fara-busca-ativa-de-informacoes- sobre-coronavirus. Acesso em: 14 jul. 2024.

BRASIL. Ministério da Saúde. *Saúde avalia comportamento dos brasileiros no combate à Covid-19*. Brasília (DF): Ministério da Saúde, 2020. Disponível em: https://www.saude.gov.br/ noticias/agencia-saude/46639-saude-avalia- comportamento-dos-brasileiros-no- combate-a-covid-19. Acesso em: 14 jul. 2024.

BRASIL. Conselho Federal de Medicina. Resolução CFM n.º 2.227, de 26 de fevereiro de 2019. Define e disciplina a telemedicina como forma de prestação de serviços médicos mediados por tecnologias. *Diário Oficial da União*, Brasília (DF), seção 1, 6 mar. 2020. Disponível em: https://portal.cfm.org.br/ images/PDF/resolucao222718.pdf. Acesso em: 14 jul. 2024.

BRASIL. Ministério da Ciência, Tecnologia, Inovações e Comunicações. Conselho Nacional de Desenvolvimento Científico e Tecnológico – CNPq. Chamada MCTIC/CNPq/FNDCT/MS/SCTIE/Decit n.º 07/2020: pesquisas para enfrentamento da Covid-19, suas consequências e outras síndromes respiratórias agudas graves. Brasília (DF): Ministério da Ciência, Tecnologia, Inovações e Comunicações, 2020. Disponível em: http://resultado.cnpq.br/6022243470135030. Acesso em: 14 jul. 2024.

DINIZ, Rosimeire Ferreira; VIEIRA, Vânia Maria de Oliveira. *Práticas pedagógicas*: as representações sociais de alunos do Ensino Médio. São Paulo: Dialética, 2021.

Gratidão!

Quem nunca se sentiu grato por algo que recebeu? Saber agradecer é um desafio constante. Como fazer para superar o capricho de reclamar a cada nova dificuldade? Cada linha deste livro me lembra de todos os motivos para viver e ser grata e nos ensina a praticar o bem a cada dia para tornar-se melhor que o outro.

Rosimeire